フェイク

中野信子
Nakano Nobuko

小学館新書

フェイク　目次

第四章 ● 生産的ウソの効用と活用法 …… 87

第七章 ウソとどう付き合い、生きていくのか……155

はじめに

語られない闇、触れることの許されないタブー、見なかったことにしなければならない不都合な「真実」……。私たちの脳はどうも、こういったものが好きなようです。

でも、それは本当に信頼に足る真実なのでしょうか？

論文があるから正しい？

その論文で使用されたデータはどういう処理をされているのか、一度でもあなたは吟味しましたか？　統計的有意差の意味は分かりますか？　不適切な改竄や、ご都合主義的な図像の使用法をしていないという前提は絶対のものではなく、保証が一定の範囲内でしかありえないという独特な事情が存在する上で、研究者たちはその結果を暫定的に受け入れているのだという、自然科学領域における明文化されないコンテクストを、本当に理解していますか？

あえて大変失礼な言い方をしますが、科学教育を受けているわけではない人が、こういった文脈があるということを知らずに、トレーニングなしで論文を読んだ場合、誤読してしまう、もしくは、きちんと読めないことのほうが多いでしょう。自然科学領域の論文というのは、それを聖書や仏典のように文字一つ一つからして「その通りです」と読むようなものではなく、一言一句、疑いながら読まなければならないものだからです。

とはいえ、疑うというプロセスは、脳にとっては負担の大きいことです。必然的に、相応の思考力が必要とされるものということにもなります。

論文を読むことにすら疑うプロセスを適用できないような、トレーニングも積んでいない知的体力の人が、日常的に、身の回りにあふれるフェイクを見抜くことができるか？これは、はなはだ心もとないところでもあるでしょう。

もちろん、私自身も人間である以上、騙されるリスクには常にさらされており、気を付けなければならないポイントで足をすくわれてしまうかもしれません。気を付け続けなくてはならない、というのは説明するまでもなく、大変な努力を要することです。

情報を疑い吟味する前に、私たちは、行動や発言を促されてしまうのが日常のならいです。そうすると、無自覚に様々な情報を批判することなく受け入れ、信用して、考えることをスキップして様々な決定を下さなければなりません。

一方で、その気持ち悪さというのも私たちは薄々ながら感じています。隠されたもののほうが真実であり、公には言えない本音のほうが正しいに違いない、という形で。良心の欠けた人、悪意ある人は、ここに付け込みます。

SNSで自分自身の情報を自在に盛ることができ、都合のいい情報だけを発信することが誰にでも比較的簡単にできるようになってしまった現在、「ここだけでしか言えない本音」や「言ってはいけない真実」が価値をもつようになりました。

時には、「価値を高く見積もりすぎでは?」と思えるようなレベルでこれらを信奉する人も少なからず見受けられるように思います。友人たちがいとも簡単に誘引され、やすやすとフェイクの陰謀論にからめとられていくさまを止められず、苦い思いで手をこまぬいて見ていた人もいたのではないでしょうか。

正義の顔をしたフェイク、善意を装って大げさに誇張された括弧付きの「真実」を目にするたびに痛感させられることは、私たちは、意外なほど「ウソに弱くできている」という事実です。

なぜなら、ウソのほうを心地よく感じ、フェイクのほうを美しく見てしまうのが、私たちの脳の性質だからです。

ではなぜ、私たちはウソやフェイクを心地よく、美しく感じるのでしょうか？　そもそもなぜウソはよくないものだとされているのか？　真実でないものがすべてよくないものであるとするなら、なぜ、私たちはこれほどまでに虚構を多用しているのか？　虚構に頼らなければ成立しえないはずの社会をどうやって、正義＝善というパラダイムをもって構築しえたのか？

以前から繰り返し語っていることではあるのですが、現代は「何が一番大事か」という優先事項を見失ってしまいがちな時代です。目先の誘惑も多く、リスクといっても致命的になるような事態は、平時の社会において出合うことは少ないでしょう。生命にとって最優先すべき重要事項は、生き延びることであるはずなのですが、そんなシンプルなことが忘れ去られてしまうのが、情報過多の社会の恐ろしいところでもあり、興味深いところでもあります。

さて、あなたも含めた個人が一人ひとり、この過剰な情報の海に向かってさらに情報を付加していきます。それぞれに違った形の正義を主張し、情報を発信していく。それによって承認されて欲求を満たすことがデフォルト設定である世界となりました。個人が固有の主張をアピールし合い、解決をつけようとすれば、解決のために身を引いた、良識のある側があたかも「負け」であるかのように見なされる。

ネット上での言説でこれが終わるのならまだよいかもしれません。大衆の支持を得るための大義名分や、もっといえば承認欲求の塊のようなものが、選挙結果に直結する蓋然性の高い、SNS時代の民主主義は一体どうなっていくのでしょうか。

場合によっては、仮想敵国に対して危険な（多くの場合は「毅然とした」「果敢な」などという言い換えをされる）振る舞いをすることが、その場の支持率を上げるために有効な手立てでありうる、という世界がすでにやってきています。

最優先されるべき事項がますます見失われていく中にあって、私たちはいつまでたっても、真実とフェイク、事実とウソ、一方の正義ともう一方の正義という二項対立の袋小路にはまったまま、この根本的な解を得ることができていません。むしろ、解決しないほうが得をする人もいるのかもしれませんし、そもそも、解などというものはない、と考察する人もいます。


フェイクの歴史は人類の登場とともに始まりました。他者を欺いてとっさに身を守るためのテクニックや、効率よく子孫を残すために身を飾るなどの行為は、人類以外の種にも見られるものですが、構築的なフェイクを生成して、洗練された複雑な方法で利用するという生物は人間だけです。

現実とは必ずしも一致しない物語を共有することで、逆説的に、現実にある困難を乗り越えさせる。そういうトリッキーな方法を扱える脳を発達させた結果生じた種が、私たちの祖先でした。つまり私たちは、フェイクを生存戦略として採用したのです。

本来、人間であれば誰しもが、フェイクをうまく使う能力をもって生まれてきています。けれども、教育の過程で、あるいは社会的な刷り込みにより、トレーニングが不足してしまうという現状があります。そのために、その虚構の物語をうまく使うことができなくなってしまった人が、現代では少なからずいるように思います。虚構性を使いこなし、時には自らを害しかねないフェイクを鋭く見抜いて、現実を生き延びていく知恵を発揮できるかどうか。こうした生きるための知恵や術が試される局面でぜひ本書を思い出していただけたら嬉しく思います。

「令和」という元号を提案された国文学者の中西進先生は、「文明は虚妄であり、虚妄を虚妄として生きることが聡明さである」という趣旨のことを述べられています。令和という言葉が意味するところとされる、美しい調和とは、単一の要素だけでは達成することができません。調和とは、複数の異なる要素があることを前提とした概念だからです。

科学技術の発達に伴って兵器も強力化し、その影響が後世にまで残りかねない時代となりました。大規模な武力の衝突によって支配権を奪取するというパラダイムから、複数の異なる要素を美しい調和をもって結ぶ中で豊かさを享受するというパラダイムへ、転換を急がねばならないときでもあります。

私たちの祖先が人類であることを選んだのと同時に生じたと考えられるフェイク。この、美しい調和を支えもし、時には生存を脅かす害悪ともなるフェイクについて、本書では皆さんと一緒に考察していきたいと思います。

なお、フェイク・ウソ・ニセ・欺瞞などをそれぞれどう定義するのかという点は議論が分かれると思いますが、本書では、フェイク・ニセを含む問題を考えることは、すなわち「ウソ」について考えることと捉え、フェイク＝ウソという視点で、考察を進めていきたいと思います。

第一章
何のために人はウソをつくのか

人は10分に3回ウソをつく

人は初対面の人と話すときに10分間に3回ウソをつくという研究結果があります。

マサチューセッツ大学で心理学を研究しているロバート・フェルドマン教授が行った実験です。初対面の被験者を集め、「10分間で親しくなってください」と伝えて話をしてもらいます。その様子を録画し、後から被験者にそれぞれ自分の発言で不適切(「ウソ」というと言いづらくなるのでこう表現したそうです)と思われる箇所を指摘してもらったところ、100人以上の実験で平均して1人3回の不適切箇所=ウソがあったと認めたのです。

この結果に驚かれる人もいるでしょう。

でも、正直なところ私の実感としては、人間はより多くのウソを、ほぼ無意識のうちに日頃から使ってしまっているように思います。

なぜなら、そのほうが相手に対してよりよい印象を与え、会話をスムーズに進めることができる、と私たちは教育されてきているからです。

ウソというと、相手を騙したり、陥れたりするためのものであり、けしからんものと思われがちです。しかしむしろ相手とより良好な関係を築き、互恵的なコミュニケーションをとるのにウソは必要だと、被験者たちは感じていたということを、この実験は浮き彫りにしたのではないでしょうか。また、ウソは、自分が疑われたり、攻撃されるのを避ける「保身のため」や、好かれたい、褒められたいという「承認欲求を満たすため」、さらには相手を傷つけたくないという「思いやり・気遣い」から生じるものも多いはずです。

例えば、大事な人と会う約束をうっかり失念してしまったとき、理由を問われたら「約束を忘れていました」と正直に伝えるよりも、「日付を間違えてしまっていて……」もしくは「体調を崩していて……」などと伝えるほうが「角が立たない」と思う人は多いでしょう。

新しい服を着てきた友人に対し、本心ではあまり似合っていないと思ったとしても、「それ、君には似合わないよ」ともし言ったとしたら、二人の関係は少しギクシャクしたものになってしまいかねないのではないでしょうか。もちろん、「そんなことでは私たちの友情はビクともしない」と自信をもっている人も少なからずいるとは思いますが……。

「正直に話すことはいいことだ」と教えられてはいても、ありのままに伝えることで相手に不快感を与えたり、いらぬ誤解を与えて面倒なことになったりという経験を繰り返して、私たちは「大人」になっていきます。本音を口にするリスクを考慮し、当たり障りのないウソをつき、会話の自然な流れを促して時間を節約し、できるだけ良好な人間関係を築くことのできる人が、社会性の高い人であると見なされることが、人間のつくる社会の暗黙のルールとして存在するのです。

また、状況次第では、事実を伝えることが非常に困難になるケースもあるでしょう。

例えば、ステージ4のがんであると診断された患者に対し、今後の治療法について話すとき。もしあなたが担当医師だったとしたら、それが事実だとしても、「治療法はもうありません」あるいは、「この状態で3か月後まで生きられた事例はこれまでありません」と面と向かって言えるでしょうか。それはかなりの心理的負担を伴うと思います。

患者が受ける精神的ショックや、そのご家族の立場・心境を考えると、「厳しいかもしれませんが、希望はあります。私も全力を尽くします」などといった、相手を勇気づける言葉をかけることを優先する場合は多いでしょう。

99％絶望と思われるとき、1％の奇跡を願う余地を残すためにつくウソは悪でしょうか。希望をもたせるための、善意のウソは否定されるべきでしょうか。時には、「そのウソ」に力を得て、想定外の結果に到達するということもありうるのです。

ウソという言葉を善悪で捉え、ウソを戒める倫理・道徳は古今東西、様々な形で存在してきました。これは、それだけ人間社会にウソが多いということの裏返しでもあり、人間がそのままにしておけば、フェイクに満ちたコミュニケーションばかりをとるようになりかねないという基本的な性質をもつことを考えれば、やむを得ないのかもしれません。

とはいえ、人は確かに信じている人に欺かれると、信頼を踏みにじられた気持ちになり、深く傷つくものです。ウソは人間同士の美しい信頼関係をも破壊しうるものです。狡猾な手段で人の弱みに付け込み、ウソをついて搾取しようとする人を簡単に許すべきではありません。

一方で、人間が共同体の中で生きていくには、ウソは必要不可欠である……。ウソの淵源にあるのは、単なる悪意だけではなく、私たちはその狭間で苦しみます。

この苦しみは、人間が社会性をもって存在する種であり続ける限り、根本的に解消されることはないでしょう。この状況の中で、最も価値的なあり方を模索するとしたら、それは正直さとウソをつくことのリスクとメリットを考え、上手に選択できる術を身に付けることの中にあるのではないでしょうか。

私たちには考える余地が残されています。何のためにウソをつくのかを含めて、ウソ・フェイクについて考察していく中に、ウソやフェイクをより深く分析し、無駄にそれらに振り回されず、容易に騙されるリスクを回避できる知恵があるのではないでしょうか。

ウソがやめられない公務員の話

私が「ウソ」というものに光を当て、もう少し解像度を上げて考察したいと思うきっかけになったのが、ある企画で「虚言をやめられず困っている」という相談を受けたことでした。

その方は親しい人と話すとき、見たことのない芸能人を見たと言ってしまったり、人を驚かせて楽しませるために、自分が事件に遭遇したと言ってみたり、つい作り話をしてしまうというのです。

そしてその方の職業は、驚くことに「公務員」だったのです。

ウソをついても自分が金銭などの直接的な得をするわけでもない。ただ相手が自分のウソを信じ、楽しいまたは、驚いた顔をするのが嬉しい。しかし単純に人が喜ぶ姿を見たいだけなのに、自分の職業がそれを許さない類いのものである。公務員であるにもかかわらず、なぜこうも簡単にウソをついてしまうのだろうといつも後悔し、自分は病気なのではないかと不安になるというのです。

私は、この方は病気などではなく、むしろ想像力豊かで頭の回転が速い方であるという印象をもちました。

そのウソは悪意から生じたものではありません。無意識のうちに人を喜ばせようとする善意のウソであり、人々を楽しませる勘所をつかんだ機知に富むものでした。

けれどもこの人は一つ大きな問題を抱えているとも思いました。そうした虚構を構築する才能に恵まれているのにもかかわらず、それを生かせない職業を選択してしまったことです。その稀有とも言える豊かな想像力を生かせる職業を選んでいれば、それほど思い悩むことはなかったばかりか、今頃大御所と呼ばれるような大作家になっていたかもしれません。

確かに、事実でないこと＝フィクションを事実であるかのように言ってしまえば、それはウソになりますが、ウソをついてしまうということを悩むだけではなく、ウソをついてしまいたくなるフィクション、聞いた人が楽しんでしまうフィクションを想像することができるという才能にも着目してよいのではないかと思うのです。

もちろん、フィクションを作る才能と、それを事実として話してしまうこと＝ウソは、厳密には分けられるべきです。もちろん、その方の職業柄、ウソには厳しく律することが求められるわけで、この方はそれに悩まされているということでもあります……。

職業によっては虚構を語ることも許容される、あるいはむしろ望まれるものもあります。実際にそのスキルを生かして合法的にしっかり稼いでいる人もたくさんいるのです。

小説、映画、お笑い、マジック、ドラマ、マンガ、アート……。およそほとんどのエンターテインメントは虚構なしには成立しません。それらには事実を題材にしたものもありますが、エンターテインメントとして作り上げられるまでに、多くの虚構が演出や〝味つけ〟といった形で組み込まれていきます。

それが問題とならないのは、エンターテインメントを楽しむ私たちが、それが虚構であると、ウソであると分かっているからです。分かった上で、その創造された物語、言葉、映像などを楽しんでいるからなのです。

リアルな世界を淡々と語るだけでは、そもそも興味をもってもらえません。多くの人に情報を届け、共感してもらうためには、虚構を織り込んだ物語、ストーリー、映像でなければ注意すら払われず、もっと言えば見向きもされないのです。

話を先ほどの方に戻すと、私はこの話を聞き、一言でいうと、「もったいない」と感じてしまったわけです。

親しい人に作り話をしてしまうのは、恐らく相手の歓心を買いたいからなのでしょう。そして「ウソをつく」ということに後ろめたさを感じてしまうのは、良心があるからでしょう。

ただ単にウソ＝悪しきものと全否定するよりも、自分に備わった才能として捉えて生かすことのほうが賢く、理にかなったやり方で、皆が得をする落としどころを見つけられると思うのです。

このことがあってから、同じような悩みを抱えた人がもしかしたら意外に少なくないのかもしれないと考えるようになりました。フェイク、ウソをもう少し客観的に見ることができるような思考の枠組みが提供できたら、多くの人がもっと得をし、より豊かになれると考えたのです。

ウソをつく理由

何のために人はウソをつくのでしょうか。

ウソには様々な種類があります。自分を守るためのウソ、自分をよく見せて誰かに認められるためのウソ、誰かを守るためのウソ、誰かを騙し自分の利益を得ようとするウソなど、私たちの身の回りにはいろいろなウソがあります。

心理学辞典によれば、「嘘とは意図的に騙す陳述を指し、単なる不正確な陳述とは異なる」とされています。心理学者のウィルソンらはウソを以下の５つのタイプに分けています。

①自己保護のためのウソ
②自己拡大のためのウソ
③忠誠のウソ
④利己的なウソ
⑤反社会的・有害なウソ

①は、回避のためのウソでもあります。叱られたくない、馬鹿にされたくない、人に自分の弱さを見せたくない、自分の地位を守りたい、嫌われたくない、妬まれたくない、自尊心を守りたい、失敗を認めたくない……誰にでも覚えがあると思います。こうした自分を守るためにつくウソは、基本的には心理学で言う「損害回避傾向」との関連が示唆されています。自分にかかってくる損害をできるだけ避け、「ついとっさについてしまう」ものであることが想定されるので、抑えることが難しいウソでもあるでしょう。

周囲から妬まれないためにわざとダメな自分を装って見せるような場合も、保身のためのウソの一種と言えるかもしれません。大衆は自分よりも高い能力や地位をもっている人に対して、驚くほど迅速にネガティブな反応が形成されます。くすぶるネガティブ感情は、ちょっとした刺激で沸騰してしまいます。それがもたらすダメージは、時にはその人の社会的生命を終わらせるほどのものです。それを避けるために、わざと「実力」「財産」「学力」などをもっていないフリをするというウソもあります。

誰かに認められるウソ、すなわち②の自己拡大のためのウソは「承認欲求」を満たすすためのウソでもあり、日常的に見られるものです。褒められたい、尊敬されたいという欲求は誰もがもっているものです。さらに盛り上げたい、誰かの気を惹きたい、できる人と思わせて仕事を得たいといった思いから、話を盛る、経歴を偽る、知ったかぶりをする、できるフリをするなどの行動をとってしまうことがあります。

特に恋愛では、自分を偽り相手の好みに合わせるなど、好感度を上げるために様々な小さなウソをついてアピールすることでしょう。実際にモテる人は、ダークトライアドといって、サイコパス・マキャベリスト・ナルシストの三要素を備えた人が多いというデータもあり、よりウソをつくのに抵抗の少ない人がモテているとも言えます。もちろん、よく思われたいがためにウソをつく人が全員ダークトライアドというわけではありませんが。

③は、忠誠という言葉から想像されるような上下関係に限ったものではなく、友人や目下の他人をかばいたいという気持ちから起こる、誰かを守るためのウソでもあります。バリエーションとしては誰かを励ましたい、誰かを傷つけたくない、チームに利益をもたらしたい、組織を守りたい……これらは自分を認めてもらいたいウソとは対照的に、社会性

の高いウソだと言えるでしょう。

注意しなければならないのは、④と⑤でしょう。

誰かを騙して自分だけ利益を得ようとするためのウソが④です。そして誰かを陥れて損をさせる、相手の好意や善意を利用して損をさせる、といった特定の誰かを傷つける目的のウソが⑤です。いわゆる振り込め詐欺や結婚詐欺、デート商法などは④、誰かの名声を貶めるために流される虚偽の情報は⑤に当たるでしょう。

こうした悪意のあるウソについては第五章で詳しく述べたいと思います。

そのほかにも、病気によってウソがやめられない人もいます。精神障害の一つである虚偽性障害、パーソナリティー障害などでは症状として虚言を繰り返します。

虚偽性障害の一種であるミュンヒハウゼン症は、自分や家族の病気を偽って同情を買おうとする傾向があり、時には自傷行為を繰り返し、家族を殺害するなど、深刻な状況を引き起こすこともあります。

また、記憶障害でも虚言・作話の症状が表れます。記憶障害は、加齢でも起きます。認知症、脳卒中や脳の外傷による脳機能障害、うつ病などが原因となります。

いずれにしても病気を原因とする虚言は、本人がウソと認識していないことも多く、専門家による診断・治療が必要となるでしょう。

人類が生き延びるための「ウソ」

前項ではウソをつく理由について述べてみましたが、ウソをつく場合、その理由は1つではなく、複合的であることも多いということを理解しておくとよいでしょう。

「会社を守るため」についたウソも、その背景には「会社から認められたい」という承認欲求が含まれる場合もあります。もしくは、「上司からの叱責を避ける」という自己防衛の気持ちもあるかもしれません。

時と場合、相手との関係、周囲の状況などによって、ウソをつく理由は複雑にからみ合います。

ウソをつく理由が多様ということは、それだけ多くの場面で人はウソをつかなくてはならなくなるということなのかもしれません。

時には、ウソを言った本人でさえ、実のところなぜウソなどついたのか、その理由がはっきり分からないこともあるでしょう。


お世辞や謙遜もウソと言えばウソかもしれません。けれども、ちょっとしたお世辞や謙遜もできなければ、何ともギスギスした会話になってしまうでしょう。

たとえ疲れていたとしても、誰かを心配させないために元気なフリをする。心配事があって悩んでいても、人に問われたら大丈夫と言ってしまうという経験は誰にでもあるはずです。なぜならこうした思いやりのウソ、礼儀としてのウソによって、人間関係が成り立っているからなのでしょう。

つまり、「ウソは、人が他人と一緒に生き抜くために必要不可欠なもの」ということになるのではないでしょうか。

動物も敵から身を守るための擬態や擬死、さらには、捕食者からヒナを守るために親鳥がする擬傷など、ウソをつくことが知られています。文字通り体を張ったウソです。これはすべて「種を守るため」のウソです。

であるならば、私たち人間も、ウソをたくみに操る能力を進化させ、生き延びてきたといっても過言ではありません。

もしウソが人間にとって本当に「よくないこと」「不要なもの」であったのならば、この能力はとっくに退化して消失していることでしょう。

人間はむしろ積極的に、ポジティブにウソを利用しながら、集団を保持し、人間関係を構築してきたとも言えるのです。

第四章で詳しく触れますが、人間はウソを個人の精神を安定するためや、集団のモチベーションを向上させるためにも取り入れてきました。

もし、ウソが許されないとすれば、芸術、エンターテインメントはなくなり、ファッションやメイクなども否定することになります。

私たちはむしろ「ウソを必要とする生物種」なのです。そしてフェイクを生み出し、活用する能力は非常に重要な生存戦略の一部であり、社会性の一部なのです。この社会性とウソの関係については、第三章で述べたいと思います。

集団を率いるためのフェイク

優秀なリーダーは、部下が仕事で困難に直面したとき、上手に鼓舞して取り組ませ、一つ一つ乗り越えさせながら成長を促すでしょう。部下に克服の理を解き、あるいは感情に訴え、方向を指し示して、それを遂行させることが、よきリーダーの資質であるとも言えます。そしてそのためには時として、フェイクも必要となります。

仏教には「不妄語戒」といって、騙したり、ウソをついたりすることを戒める教えがあります。一方で「ウソも方便」と言い習わされている成句は、仏教で衆生に悟りを開かせるために、手段としてウソを用いたという、次の喩話が元になっていると言われます。

ある優秀なリーダーに導かれて宝物を求めて砂漠を旅している一団の人々がいました。宝物に辿り着くまでの道のりは険しく、人々は皆途中で疲れ果てて心が折れ、もはや引き返そうではないかという話になりました。

しかし、リーダーは、もう少し進めば、この悪路を抜け宝物に辿り着けるということを知っていました。そこで神通力を使い、幻の城「化城《けじょう》」を作り出します。人々は、そこが目的地であると思い込み大喜びしました。

一晩明けると、城は消滅します。リーダーは人々に向かって、城は人々の休息のために作り出した幻であることを告げ、本当の目的地まであと少しで到着すると激励しました。

これは法華経の七喩の一つですが、他にも、火事から救うためにウソをついたり、薬を飲ませるためにウソをついたりするたとえ話があります。いずれも、火事から救う、薬を飲む、は仏教の教えを聞くことを象徴しており、それによって救われるとするものです。

会社でも家庭でも、様々な場面でたとえ、まだまだ先は長いと分かっていても、後輩や家族に「あと少しだよ」「もう少しだけ頑張ろう」などと言って激励することはよくあります。

迂遠な目標に至る過程でモチベーションが下がるようなときには、化城を幻出させて、一時の安逸の場を設け、次なるステップに向かえるようにするのも、組織を率いるリーダーには必要になるでしょう。

現実だけでは脳は満足できない

孫子の兵法に、「敵を欺くにはまず味方から」とあります。有名なのでご存じの人も多いでしょう。

人を欺いて本懐を遂げることを表す慣用的な表現として、よく使われています。事実は時として複雑すぎて、正しい理解を得るのが容易ではありません。また、根拠のない恐怖感を兵士は抱くものです。さらに、本当の作戦内容を伝えてしまうと、どこから漏れるか分かりません。

それゆえ、まずは味方の兵に対してウソをつき、コントロールして敵に当たるのです。

こうした場面でつくウソは、必ずしも事実に反することだけではなく、事実に即しつつも変形や誇張をする。あるいは味方を鼓舞する目的で敵を矮小化、過小評価して使われることもあります。

「あいつは敵だ」「敵は悪である」「正義は我々にある」「敵は弱い」「必ず勝てる」

こうしたウソには、期待や可能性を抱かせる役割があり、それによって、脳が快感の報酬を得る仕組みになっています。

だからこそ、使うためにはセンスも必要ですし、よく吟味して適用することが求められます。大きな危険性を孕んでいるものだからです。人間の性質を把握し、人々を扇動しようとする人に利用されてしまうことがあるので、注意が必要なのです。

また、現実はつらくとも、もっとよい未来があると信じさせるからこそ人々は努力を積み重ねられるということも事実でしょう。得られた時よりも、得られるかもしれないという予感や期待に、より喜びや興奮を感じるように脳はできているのです。

旅行は計画している間が楽しい。買い物は、あれこれ悩んでいる時が楽しい。あの感覚です。

期待=ウソが、脳に快楽の報酬を与え、興奮を呼び起こすものであるということが、人がウソを必要とする理由の一つでもあります。

化城を使って人々に希望をもたせてよい方向に導く人がいる一方で、期待感を煽っておきながらその期待を欺いて損害を与えたり、人々を誤った方向に向かわせようとする人もいます。

こうした悪意のある人は、「人が騙されるメカニズム」を巧妙に使って近づきます。「騙される心理・メカニズム」を知ることは、悪いウソから身を守るためにも知識としてもっておくべきです。

次の章では、なぜ人は騙されてしまうのかについて考察したいと思います。

第二章
人はなぜ騙されるのか？

特殊詐欺とフェイクニュース

警視庁が発表した2021年の特殊詐欺の認知件数は、1万4461件で、依然として高齢者を中心に高い水準で発生しています。特殊詐欺とは、「被害者に電話をかけるなどして対面することなく信頼させ、指定した預貯金口座への振込みその他の方法により、不特定多数の者から現金等をだまし取る犯罪」（警視庁ホームページ「特殊詐欺の手口と対策」より）というものです。

いわゆる「振り込め詐欺」ですが、前年に比較し被害総額は減少しているものの、総認知件数は911件増とむしろ増加していて、騙される人は増えているということになります。

悪質商法も身近な犯罪です。警視庁のホームページによれば、「訪問リフォーム」「催眠商法」「内職商法」「先物取引商法」「マルチ商法」「点検商法」「霊感商法」「就職活動につけ込む資格商法」など様々な手口があります。いずれも連日ニュースでよく報道されている犯罪でありながら、言葉たくみに取り込まれる被害が後を絶ちません。
また、犯罪ではありませんが、「9割が大満足の膝関節サプリメント」「1か月でマイナス8kg!」といった、現実性が疑われる誇大広告や詐欺的広告が巷にはあふれています。

SNSの発達で一般人が投稿するフェイクニュースも、マスコミと同じような発信力をもつようになりました。

熊本地震で動物園からトラが逃げたとツイッターに上げた男性は、本人は面白半分のつもりだったかもしれませんが、偽計業務妨害の疑いで逮捕されました。

ロシアによるウクライナ侵攻に関するものでも、フェイク画像・映像がどこからともなく流布され、何の目的なのか不明であることもあいまって、不気味さと得体の知れない恐怖を人々に与えました。

冷静になって考えてみると、なぜ人がそんな分かりやすいウソに騙されるのか、なぜすぐにフェイクと分かりそうな動画を信じてしまうのか不思議に思うでしょう。しかし、人は想像以上に容易に何かを信じようとするものなのです。ここでは騙される人の心理を考えてみたいと思います。

なぜフェイクニュースに惹きつけられる？

オックスフォード大学の研究チームによると、フェイクニュースをプロパガンダの手段として活用している国は、２０２０年時点で81か国存在し、年々増加傾向にあるそうです。さらに、民間企業によるフェイクニュース拡散などの情報操作は、２０２０年には48か国で行われ、前年の25か国からほぼ倍増し、政府から企業への委託料の総額は６０００万ドル（約66億円）に上るということです。

なぜ、これほどのフェイクニュースが作られ、どうして人々はこのフェイクニュースを容易に信じてしまうのでしょうか。

最近のフェイクニュースは巧妙にできており、一見真実を言っているかのように見えてしまうものもたくさんあります。真贋が見分けにくいように、いかにも真実であるかのように巧妙に作られているのです。

人間の脳は、論理的に正しいものより、認知的に脳への負荷が低い、つまり分かりやすいものを好むという性質をもっています。論理は強力なものではありますが、その運用には脳をそれなりに頑張って使わなければならないという罠があるのです。


では、私たちは論理のほかに何をもって物事の関係性や因果律を理解しているのでしょうか。

この問題を考える上でヒントになるのは、私たちが陥ってしまう数々の認知バイアスです。

そもそも認知バイアスとは、放っておけば私たちは勝手に物事をそのように捉えてしまうという思考の枠組みの偏りのことです。これをひもといていけば、私たちの世界の捉え方の大まかな形が分かります。

興味深いことに世界共通のものと考えられ、あたかも普遍文法と相似形の、普遍的な「物語文法」とでも言うべき認知のひな形が人間の脳には存在するであろうことを感じさせます。

この認知構造に意識的になることが悪意のあるフェイクから自分の身を守り、自分の大切な人を守るための第一歩であると言えるでしょう。

なぜフェイクニュースやデマは広まる？

なぜフェイクニュースは蔓延しやすく、とりわけ人々の情動に訴えるようなデマは広く素早く拡散されるのでしょうか。

流言（デマ）の特徴・性質を研究したアメリカの心理学者G・W・オルポートは、デマの流布量を、「R（デマの流布量）＝I（重要性）×A（曖昧さ）」という式で表しました。

この式によると、デマがどれくらいまで広く流布するかという「流布量」は、自分が受け取った情報が、「その人にとってどれくらい重要であるか」と、「その情報に関する根拠や証拠がどれくらい曖昧であるか」の積によって導き出されます。つまり、自分にとって興味や関心の度合いが高く、かつより不確実な内容であるほどデマは広がりやすくなるということを表しています。

日系アメリカ人の社会学者・社会心理学者であるタモツ・シブタニは、流言を「情報の真偽がはっきりとせず、それを確認するための情報も不足した曖昧な状況に巻き込まれた人たちが、自分たちの知識を寄せ集め交換し合い、有意味で合理的な解釈を行おうとするコミュニケーション」と定義しています。

戦争や災害などで、政府の公式情報やマスコミからの情報が限定され、状況の認知が曖昧になると、人々は互いに事実を求めて不確かな情報でも持ち寄り、意味確認の合理的コミュニケーションを繰り返し行おうとします。そこで流言が発生すると言うのです。

この2つの理論に共通しているのは情報の正確性、信頼性を参照するべき基準が崩れていくとフェイクニュースが流布するということです。

このときに注意が必要なのは、「自分こそが真実を言っているのだ」と思い込みやすいことでしょう。

ネットでたまたま見た情報でも、「ネットで自分は真実に辿り着いてしまった！」と思い込みやすくなるということです。十分に吟味された確かな根拠がなくても、むしろ根拠の確認の方法すら知らない人が「自分の得た情報こそが真実」と思い込んでしまう。これは人間が簡単に陥りやすいバイアスです。そして他の基準を棄却してしまうため、自分が正義、我こそが正しいと思い込みやすい状況が生じてしまい、デマ、フェイクニュースがより拡散してしまうのです。

またフェイクニュースの中には、「注目を浴びたいから」「話題になりそうなデマを拡散して再生数を稼ごう」、そんな単純な理由で流されるものもあります。

さらに災害時や有事の際には、不安や恐怖心が強くなり、情報の需要が高まります。そのとき情報の供給量が少ないとなおさら、曖昧な情報、さらにはウソ情報であっても飛びついてしまうリスクも高くなるため、気を付けておいたほうがよいでしょう。

脳は騙されたがっている

事実を正確に知る方法をもっておくということは、リスクヘッジに不可欠です。

自分が知りえた情報から、「それが事実なのか」「事実と信じてよいのか」「リスクはないか」などと正しい意思決定を行うためにしっかりと確認する方法を身に付け、少なくとも安易に信じないという姿勢を大切にすべきです。

ところが、脳は一言でいうと怠け者です。思考のプロセスでもできるだけリソースを使わないようにして、消費するエネルギーを節約しようとしています。これを脳科学では「認知負荷」を下げると言います。

脳は、酸素の消費量が人間の臓器の中で最も多く、その占める割合は、身体全体で消費する酸素量のおよそ4分の1です。

ですから、基本的にあまり働かないように、つまり思考しないようにして脳の活動を効率化し、酸素の消費を抑えようとします。

最も効率のいいリソース節約術と言えば、人からの命令に従うことです。

そのため脳は自分でゼロから決めていくよりも、命令されることを心地よく感じる傾向があります。自分で考えずに、誰かからの命令に従うことは、脳の省エネ策であり、人間の本能、生理的機能の表れでもあるのです。

またあまり深く考えずに直感的に意思決定をする。もしくは蓄積した知見から、近しいものを選び出して思考のテンプレートに当てはめ、それを解とするような意思決定を行うこともあります。

いずれにせよ、「脳は騙されたがっている」という性質があることは忘れずにいたほうがよいでしょう。

不安や焦りが判断を鈍らせる

情報が曖昧な場合はしっかり検証し、その真偽を確かめることを心がけ、確認できないときには、「何とも言えない」と判断を保留しておけばよいのですが、保留状態というのは、脳がこれを嫌います。考えなければならない要素を複数抱えておくことになり、リソースを多く消費する状態を余儀なくされるからです。さらに、脳が動揺したり、混乱してパニック状態に陥っていたりして、より余裕のない状態にあると、平常時には考えられない判断をしてしまうことがあります。

「ご家族に不幸が訪れますよ」といって高価な商品を売りつける霊感商法や、身内がトラブルに巻き込まれたと畳みかけてくる振り込め詐欺は、初手で相手を動揺させ、パニックに陥れて理性的な判断をできるだけ妨害するような手口を使います。

前述の、戦争や災害時にフェイクニュースが拡散してしまうのも、非常時であるがために、脳が不安や焦りの状態に置かれ、フェイクニュースの真偽を確かめることができなくなっているということも一因でしょう。

さらに非常時ではなくても、最近の悪意のあるフェイクニュースの拡散手法として、わざわざ焦りや不安を煽るような加工を施して発信されることがあります。一見「それらしい」と思える、分かりやすいニュースを見てその情報に飛びつきたくなったときこそ、焦って脳が判断力をなくしているかもしれないと警戒する癖をつけましょう。こういう煽り情報を受け入れさせ、拡散する愉快犯がいるということにも注意を怠らずにいたいものです。

真面目な人が騙されやすい

真面目な人ほど、容易に騙されてしまうという悲しい現実もあります。

責任感が強い、正直である、忍耐強い、決まりや約束は守る、冗談を言わない……真面目な人のこうした性格を、心理学で性格傾向として記述する際には、「誠実性が高い」と言います。

親に厳しく躾けられ、自分の考えをもつことを制限された人ほど騙されやすいとする研究があります。こうした育てられ方は、誠実性を高くする方向に働きます。

このような人は、努力家で忍耐強いのが特徴です。

忍耐強く努力し続けられるのは、その行動を脳が「よい行動である」と判断し、報酬系が活動している状態で、快感を生み出していると考えられます。つまり、努力すればするほど、「努力をするから達成感を得られる」「もっと自分が頑張れば、みんながもっと幸せになる」と考え、気持ちよくなり、さらに努力し続けようとするのです。

それがよい方向に向かえばよいのですが、悪意のある人々にその努力を搾取されてしまうなど、不本意なコントロールを受け、そこから抜け出せないといった困難な局面に陥れられやすいということがあります。努力することが気持ちよくなり、やめられない一種の中毒の状態になっているため、冷静な判断ができなくなり、他者に操作されやすい状態になってしまうのです。

また我慢強いという誠実性の高い人の特徴も、騙されやすさに拍車をかけています。ストレスを抱えながらずっと我慢し続けていると、脳は緊張状態が続いていることになります。すると、善悪の判断やより深い思考を司る前頭前野の働きが弱まり、物事をそもそも冷静に判断できない状態に留めおかれることになります。

前頭前野の抑制の機能にはキャパシティがあると考えられており、我慢し続けられる総量は決まっています。そのため普段、我慢し続けている真面目な人ほど、その緊張や自制の限界に至りやすいと言えます。そして、ウソやウソに惑わされやすくなってしまうのです。

非常に不条理ではありますが、真面目な人こそ、ウソを仕掛けるのには、絶好のカモということになってしまうのです。

ウソをより確信させる「確証バイアス」

私たちは、騙されまいと気を付けているにもかかわらず、なぜウソやウソを見抜くことができないのでしょうか。
それは私たちの脳が情報を処理するときに、様々な認知バイアスが働くからです。

私たちは自分の先入観に沿う情報だけを集め、その集めた情報を自分の都合のよいように解釈して書き換えてしまうという現実があります。

これが「確証バイアス」です。与えられる情報の中で、自分に都合のよいものだけを選択し、都合の悪い情報は無意識に排除してしまうのです。さらに、冷静に検証すればそれが詐欺であると気付くことでも、この「確証バイアス」により、自分に都合のよい情報だけを付加し、そして自らウソを補強する思考をしてしまうことによって、その枠組みから抜け出せなくなってしまうのです。

例えば、「A出身の人はとても暴力的で危険」といった先入観を誰かがもっていたとします。すると、「あの事件にはA出身者が関わっている」というデマを簡単に信じてしまいかねない状況がつくられてしまいやすくなるのです。

冷静に考えてみるとつじつまが合わないことでも、ひとたびそうだと思い込むと、その考えを補強する情報を無意識に集め、思考してしまうのです。

振り込め詐欺でも、聴覚的な情報は限定的なので、電話先の相手が「オレオレ」と言っただけで、先入観で「息子だ」と信じてしまうという、にわかには信じがたいようなことが起きるのです。

「声が違うかもしれない」と多少の違和感をもったとしても、「きっと息子に違いない」と思い込んでいるので、「風邪をひいて今日は声がおかしい」などと言われると、「ああ、あの子は昔から風邪をひきやすかった」と自分の記憶を引き出して自分の誤った思い込みを補完し、違和感すら上書きしてしまうのです。

ウソを疑わない「真実バイアス」

ほかにも、「真実バイアス」と呼ばれる認知バイアスがあります。

これは、特に疑いを抱く必要のないと思われる相手の言うことは真実であると思い込んでしまうことです。疑いをもつことなくすべてウソではないと信じてしまうのです。

周囲の人が「あの話は怪しいよ」「その電話は詐欺では？」と言っても、「まさかあの人がウソを言って私を騙そうなんてありえない」と判断してしまうことがあるのです。

人と会話をするときに、これはウソかもしれない、騙そうとしているのではないかなどと常に疑い続けることはなかなかできるものではありませんし、そもそも失礼にもあたりかねません。

元々、人間は相手が事実を語っているということを前提に話をするものです。

たとえ「真実バイアス」が強くなくても、「あなたはウソを言っていますね」「それってウソですよね」とその都度思い続けることは、人間関係の構築に重大な支障を来します。

たとえ違和感を覚えても、自分だけが我慢すれば、という心理が働きがちです。

ウソをつく人は、そうした善意や良識に付け込み、自らへの警戒心を解くような話術を意図的に使います。

しかも、「ウソかもしれない」と常に相手の話に注意を払うことは脳のリソースを使うので、心身共に元気なときでなければ、警戒心も働きづらくなるでしょう。

心が弱っているときや、お腹が空きすぎているとき、酔っていたり、眠かったり、パニックになっているとき、誰かに恋愛を仕掛けられたりしているときなどには、このバイアスがかかりやすく、騙されやすい状態になっていると言えるでしょう。

詐欺・災害には遭わないと信じる「正常性バイアス」

特殊詐欺に騙された人は皆「ニュースなどで知っていたし、十分気を付けていたつもりだった。でもまさか自分が被害に遭うとは……」と、口をそろえて言います。

これだけ多くの人が詐欺被害に遭っているにもかかわらず、思考が自分中心で、「自分だけは騙されない」「自分だけは大丈夫である」と思い込み、自分が当事者になるとは考えないのです。

根拠もなく自分は被害には遭わないと信じ、明らかに異常事態であるにもかかわらず、問題はなく正常であると思ってしまうバイアスを「正常性バイアス」と言います。「正常性バイアス」では、自分にとって不都合な情報を過小評価し、時には無視してしまうのです。

台風などで洪水警報が出ても、「自分の家は大丈夫」と思うのも「正常性バイアス」の一つです。

これも前述した脳のリソース節約によるものです。

自分が被害者になるのではないかという疑いや、異常事態でそれに対処しようとして処理する情報が多くなりすぎると、脳の負荷が高くなります。

そのため脳では、その異常事態は問題ない、平常だとして処理する情報量を減らそうとします。

「気を付けるべき事象」を見聞きしても、脳は自分事と捉えるだけのリソースをもっておらず、危ないことは自分とは遠い話だと認知するようになっているのです。

詐欺に対しても、災害に対しても、そもそも「誰にでも」危険が及ぶ恐れがあるからこそ、これだけ多くのニュースで注意喚起が行われているのです。それでも「自分は詐欺に遭わない自信がある」という人は、逆に正常性バイアスが強く、騙されやすい傾向があると言えるでしょう。

ウソに合わせる「同調圧力」

「怪しいと思っていたのに、みんなが『いい』と言っていたからつい信じてしまった……」。こうした「みんなの意見に従ってしまう」という、同調圧力については有名な実験があります。

ポーランド出身のユダヤ人で心理学者のソロモン・アッシュが、亡命先のアメリカで行った実験です。

実験内容は、まず、ある長さの線分が書かれた紙を被験者に見せます。次に、最初に見せたものと同じ長さの線分を含む3本の線分が書かれた紙を見せて、その中から最初に見た線分と同じ長さの線分はどれか選択させるというものです。

被験者が1人のときの正解率は約99%でした。

続いて、被験者を8人で1つのグループにして、本物の被験者は1人で他の7人はサクラという設定で実験を行いました。

サクラの回答者は、順番に自分の選択した線分の番号を告知します。ところが、サクラは全員が、間違っているけれど同じ線分を選びました。もちろん意図的にです。この実験を12回繰り返しました。

その結果、1人でやったときの正解率が99％だったのに対して、正解率は65％に低下、つまり3割強の人が、他人の意見に合わせたことが分かりました。

実験の後で、同調した被験者にその理由を聞いたところ、「正解は分かっていたけれど、みんなに合わせた」、「自分が間違っていて、みんなが正しいと思った」という、2つの意見に集約されました。

自分の正しいという判断よりも、他の人の意見、とりわけ多数の意見の影響を受けてしまうという、同調圧力の影響力の強さを示唆する実験と言えるでしょう。

集団に帰属すると、おかしいなと思っても、周囲の空気に流されてしまうのです。さらに、最初はおかしいなと思っていても、次第にアッシュの同調実験のように、自分が間違っていて、周りが正しいと思うようになるのです。後述する悪質商法のSF商法では、こうした同調圧力を意図的に利用した巧妙なテクニックが使われています。

ウソへの警戒心を乱す要素

①同情心

誰でも「騙されたくない」という警戒心をもっています。直感で「この人は怪しいのではないか」と思うこともあります。これは本能からくる警戒心と言えるでしょう。この警戒心を乱される要因として、「同情心」があります。

特に子供やおばあさんや、身体が弱そうな人が接してくると、警戒心のレベルは低くなりがちです。子供＝悪意がない、高齢者＝いい人に違いないと思ってしまうのです。見た目が少々怪しくても同情心から、「この人は見るからに怪しそうだけれども、怪しいと思ったら悪いのではないかな」と思ってしまうこともあるでしょう。

しかし、「子供はみな天使」「おばあさんは100％悪意をもっていない」ということなどありえないのです。

詐欺師は同情心を掻き立てる話が上手で、人の懐に入り込み、警戒心を解いてしまいます。どうやって同情心を煽れば、人は心の扉を開くのかということを知っているからです。

人は感情に訴えられると、理性で判断するよりも、何かすぐに応急処置をしなくてはいけないと思いがちです。

これも社会性の一部ではありますが、共感性や同情心というものは、本能である警戒心よりも時に優先され、それを上書きするほど強いものだということなのでしょう。

②制服や肩書、容姿

もう一つの例は制服や肩書、そして容姿です。

配送業者の制服を着た人が来ると、ついドアのロックを外してしまう。警察官の制服を着ている人を信じて、安易にカードを渡してしまい事件に巻き込まれてしまう……。

こうしたことが起こるのは、前述したように、脳は思考することを節約しようとするので、話をよく聞いて判断するよりも、その人の肩書や専門性、権威などで効率よく判断しようとするからです。

高学歴であったり、有名な企業に勤めていたり、役職についていると聞くと、よく知らない人でも信用してしまうということがあります。

これは「ハロー効果」と言われるものです。人は物事を判断するときに、見た目や肩書など、一つ目立ったよい特徴をもっていると、その人全体の評価に大きな影響を与えてしまうという心理です。「ハロー（Halo）」とは、聖母マリア像やキリスト像などの後ろに描かれたり設置されたりしている光の輪のこと。日本語では光背効果とも呼ばれますが、光背も、仏像の後ろの光明のことです。つまり、光明をもつような神聖な存在なので、その言動は信頼に値する素晴らしいものというのが、名付けられた所以のようです。

医者や弁護士、社長といった肩書があると、信用できる人に違いないと思い込んでしまうことはありませんか？

このハロー効果は、詐欺にもよく使われるため注意が必要です。

また警戒心を解く容姿は、必ずしも美しいものとは限りません。女性詐欺師や女性スパイというと、映画ではとてもセクシーで派手な女性が演じることが多いのですが、実は実際にハニートラップをかける女性はそうではないと言います。

むしろ真面目そうな女性研究者や地味な学生など、ハニートラップをかけそうもない、人を騙すことには縁の遠そうな人が「困っています。相談に乗ってください」などと近寄り、親身になって相談に乗っているうちに、情が移って深入りしてしまい、引くことができないところまで引き入れられてしまうと聞きます。

「まさかそんなことをしないだろう」と思わせる目立たない容姿に、警戒心が鈍らされるのです。

③関係性・縁故

初対面の人でも「私はあなたのおじいさんと知り合いです」などと、家族や共通の知人の名前を出されたりすると、警戒心が緩んでしまいがちです。故郷から離れた街で同郷の人に会うと、それだけで心を開いてしまうこともあるでしょう。

いわゆる身内贔屓であり、内集団バイアスと言われるものです。

仕事での関係づくりで縁故を使うことはありますが、騙すことを目的にして、縁故のウソで近づいてくる人もいるので、見極める必要はあるでしょう。

振り込め詐欺は、まさしく縁故を利用したウソです。身内を装うことで、被害者の警戒心のガードを下げて、一気に懐に飛び込もうとするのです。

ここにはオキシトシンというホルモンが影響していると考えられます。オキシトシンには、愛着関係の形成を促す働きがあります。特に母子関係では、出産・授乳というオキシトシンが大量に分泌される経験を通して愛着の密度も高くなり、絆が深くなります。また長い時間同じ空間で過ごすことでもオキシトシンは分泌されます。そしてオキシトシンには不安を軽減する効果があります。つまり、縁故関係では、オキシトシンによる愛着感情が警戒心に対する脆弱性を発揮し、信じやすくなってしまう状態をつくりあげてしまうと言えるのです。

前述したハニートラップにおいても、相手に好意があるフリをして、オキシトシンを分泌させ、信じやすい状態を巧妙につくりだしていると言えます。

④映像・画像

客観的に冷静に考えればおかしいと感じる内容でも、写真や動画などビジュアル要素を見せられると簡単に信じてしまうことがあります。人は目で見たものを信じやすいのです。

2005年5月、韓国のソウル大学のファン・ウソク教授を中心とするグループが、患者の体細胞を用いたヒト・クローン胚からES細胞を取り出すことに成功したと論文で発表し、ノーベル賞級の研究として大きな話題を呼んだことがありました。

しかし、まもなくデータの捏造疑惑が生じ、翌年にはソウル大学の調査委員会が教授らの成果を捏造と断定し、教授はソウル大学教授職を辞任し、『サイエンス』誌に掲載された論文も撤回されました。

この論文では、掲載されたES細胞の画像の多くが加工されていたのです。驚くべきことは『サイエンス』や『ネイチャー』といった、世界的な科学雑誌の専門知識をもったジャーナリストや一流の科学者までもが騙されてしまった点です。

画像などのビジュアル要素は、強い説得力をもち、正しい判断を鈍らせてしまう危険性があるということなのでしょう。

今日、フェイクニュースが急増する背景には、スマホなどによる動画撮影、SNSによる拡散の簡易化の影響もあると言えるでしょう。

騙されたほうが得することもある

自分に都合のよい方向に事実をゆがめて認知することを、「認知バイアス」ということは前述しました。

このことを示すある実験があります。

ユーモア度を測るテストで、成績が下位だった4分の1の人、要するにユーモアがないと判定された人たちに、「自分の成績はどのレベルだったと思うか？」と質問したところ、ほとんどの人が「平均以上である」と答えたのです。

つまり「能力が低い人ほど自分のことを過大評価する傾向がある」ということが明らかになりました。

この実験が示唆しているのは、「人は自分のことを正確には認知していない」ということであり、逆に言うと、自分のことを正しく認知しようとすると生きづらさを感じてしまうため、脳が適応し、認知バイアスを起こして生きづらさを少しでも解消しようとしているとも考えられるのです。

自分にユーモアがない、と分かれば、人間関係を築くことに対して臆病になってしまうなど、生きづらい世の中になってしまいます。

そういう意味では、上手に自分を騙したり、騙されたりすることは生きる知恵でもあるのです。

脳は怠けたがるということも前述しましたが、すべてを正確に理解しようとすることにはリスクもあるのです。

自分にウソをつき、自分に騙されることは、無駄に悩む時間や心理的ストレスを軽減し、そして自分をポジティブに導く術でもあります。

例えば、「あなたは絶対できるよ」「あなたなら大丈夫」と、たとえウソであっても励ましてくれる人がいたら、疑わずにそのウソを受け入れ、安心感やモチベーションにつなげるほうが賢い選択ではないでしょうか。

人は自分の願望に合致した情報だけを選択しようとし、都合の悪い情報は無視したり、軽視したりする性質をもっている。そこには注意すべきときもあれば、上手に活用すべき場合もある。そう知っておくことは生きる上で役に立つこともあるでしょう。

第二章

社会性とウソ

ヒトは二重の意思決定システムをもつ

第一章・第二章では、ウソが人を動かし、集団を動かす側面を考察し、そのリスクとメリットについて述べました。本章では、社会性をもっている人間の、個人と集団の間に生じるウソについて考えていきます。

一個人の意思が、その所属集団の意思と対立するような場合、私たちは、その間にいて、個人の意思と集団の意思を勘案して最終決定を下します。

いささか難しい言い回しをしましたが、もう少し具体的な例を挙げましょう。

「食糧が乏しい状況にある。いま自分が目の前にある食糧をすべて食べてしまえば、自分の空腹は満たされる。けれども、家族や仲間たちの分はなくなってしまい、全員が餓死してしまうかもしれない。だから、皆が食べられるように食糧は分け合うことにして、自分の分は制限することにしよう」というような場合は、結論として自分の意見よりも集団の利益に寄せた判断をしているわけです。

自分は空腹である。お腹いっぱい食べたい。でも、皆を死なせるわけにはいかないと、自分の意思と集団の意思との間ですり合わせ、判断します。

もし仮に、私たちが自己の利益を優先する仕組みだけしかもっていなかったとしたら、あっという間に食糧が枯渇するか、奪い合うための争いが激化するかして、私たちは滅んでいたでしょう。

奪い合い、争う代わりに、それがウソであったとしても互いを大事にし、活路を見つける知恵を生み出すことで、生き延びてきた者の子孫が、私たちなのではないでしょうか。

そして、集団の利益に寄せた判断をするとき、空腹である自分に「まだ大丈夫」「自分は皆のために『いいこと』をしている」と自分の意思を上書きするウソの情報を発信します。

もちろん自分を優先する選択肢を選ぶ人もいます。なぜなら、個人の意思は、所属する集団の意思とは別に存在するものであり、そもそも我々の社会は原則的に意思決定は個人が行うことができるというシステムが存在するからです。

これが真社会性の生き物（スズメバチ、ミツバチ、アリ）との大きな違いです。

真社会性をもつ生き物は、集団の社会を保つために、集団と個の意思決定をすり合わせる必要はありません。真社会性の集団では、常に集団の意思が優先されます。

個の意思はなく、役割は固定化していて、ハチは女王バチの向かう方向に疑問をもたず皆ついていきます。女王は、集団の構成員を動かすために化城のウソを用いることはありません。

そういう意味で、人間のもっているという社会性は非常に中途半端で、個人と社会とのつながりは緩やかです。

もちろん全体主義的国家や、旧弊の残る閉鎖された集団であれば、国家や集団からの圧力で真社会性のような共同体を強要されることもあるかもしれませんが、多くの場合は、個人の意思は尊重されることを前提に社会がつくられています。

では、なぜ人間は真社会性ではないのか？　個の意思決定を重視しているのか？　それは真社会性集団のように、集団の意思決定が絶対だとすると、その決定が失敗したときには、直ちに集団が滅びてしまうからだとも考えられるのです。

人間の長い歴史の中で、集団ごと滅びてしまわないための、恐らくリスクヘッジとして、個の決定が尊重されるようになったと推測できるのです。

人間が集団をつくり、集団の意思をもつというのは、とりも直さずそれが生存戦略として最適だったからでしょう。一方で、個人の意思を尊重するという特殊な二重の意思決定システムを選択しているのが私たち人間なのです。

この冗長な意思決定システムをもっているからこそ、環境適応能力、リスクヘッジの能力も進歩し、生存してこられたのかもしれません。

進化の系統樹を見ると、ヒト属の中で生き延びているのはヒト族だけです。これほどたくさんの災害に見舞われ、定期的に大規模な伝染病がはやるような歴史を辿っているにもかかわらず、しぶとく生き延び、人口も増えているということが起こるのは、この冗長な二重の意思決定システムがあるからだと言えるのです。

対立を緩和するウソ

集団と個の二重の意思決定システムにより、冗長ではあるけれど、リスクヘッジしながら生き延びてきた人類の集団ですが、必ずしも2つのシステムの出す解が一致するとは限らないために生じる問題もあります。

個人間もしくは集団間において対立が起きること。そして、集団の意見に絶対に従わない人が出てくるということなどです。

一つめの問題は、つまりは個相互の対立が生まれやすく、それが集団として問題になるということです。

何とも難しい性とも言えるのですが、対立が必ず起こるような構造になってしまうにもかかわらず、我々の脳はなぜか多様性を選び、均一化しようとしないのです。

特に生殖の場面では、自分と一番離れた遺伝子を好みます。家族という小さな集団においてさえも有性生殖をするときには、わざわざ多様性が保持されるように行動しているわけです。

しかし、自分とは違う意思決定システムをもっているもの同士が集団をつくらなければならないとなると、どうしても対立が起こります。

そしてその対立を解消するためには、お互いに、もしくはどちらかが妥協しなければなりません。

妥協とは、互いに自ら決定した意思を一部、あるいは全部を相手と折り合わせることです。このとき、自分の意思の一部、あるいは全部を無視する、すなわち自分の意思に対してウソをつく必要があります。

妥協も必要なフェイク

組織や集団の中で、違う戦略をもっている個体同士が上手に共存していくには妥協が必要となり、それを導く虚構が必要なのです。

自分にとって首尾一貫している状態はウソがなく正しい状態であると思うでしょう。しかし、双方がそこに固執していては、互いの線が交わることはありません。

人間関係にとどまらず、自然界の生き物として、もし人類がウソをつけないのであれば、とっくに滅びていたでしょう。

人類は、環境に合わせて適応し進化することで生き残ってきました。

そしてその進化の行程は自分の一貫性に対する妥協の繰り返しだったと思います。妥協するということは、他人に対しても、環境に対しても、その落としどころを見つけることです。

そしてその妥協点は、白か黒ではないグレーゾーンであり、そのグレーにもグラデーションがあったはずなのです。

人と人、人と環境、そのどちらもが、自らの一貫性を優先したら、論理的に対立は解消されない状態となるでしょう。

しかしフェイクをうまく利用し妥協することによって、我々は対立を回避し、互いの生存範囲に立ち入ることができるようになり、環境に適応してきました。

一方的にウソを切り捨てるのではなく、うまく使ってきた歴史があるというのは学ぶべきことではないかと思うのです。

ウソという概念を完全に否定し排除するのではなく、有益なウソと悪意のウソがあるということを知り、ウソに対する目利きができるようになると、人生はより生きやすいはずです。そしてそれこそが社会性を身に付けることでもあるのではないでしょうか。

そして社会性としてのウソを身に付けることで、ウソの手口を理解し、ウソに騙されるリスクヘッジができるようになると思います。

なぜ天邪鬼《あまのじゃく》は存在するのか

そして、絶対にウソを許容したくない。集団の決定にも従いたくないという人もいます。これはとても生きづらい生き方でもあるのですが、こうした人がある一定数いることにも意味があるのです。

脳は騙されやすいということは前述しました。しかし、騙されるということは、何がしかの不利益、例えば金銭的、物質的、あるいは生命の損失を被ることにもつながります。

得をするかもしれないけれども、そう思わせているだけで、実は不利益を被っているのではないか、騙されているのではないかという猜疑心や懐疑心をもつことは、生き延びる上で重要なスキルです。

多くの人は省エネの脳に騙され、人の意見を取り入れます。

集団で生きることを望み、人の意見を取り入れるということは、一方で、騙されることのリスクも高まります。

そのリスクを嫌悪する脳をもっている人がいることもまた、種を存続するために必要なのです。

なぜ天邪鬼が存在するのかと言えば、そもそも意思決定に対する、個、自分自身の存在が意外に重いのだということの証左かもしれません。

大体の人は、騙されるのが嫌いです。それでも騙されてしまうメカニズムがある。そして絶対に騙されない、もしくは集団に従わない天邪鬼層がいることによって保たれるバランスが存在するとも考えられるのです。

正直すぎてしまうと、とても窮屈

「自分に正直でいたい」

誰もが望む願いではないでしょうか。素晴らしいことだと思いますが、人間関係で、正直すぎてしまうと、とても窮屈なことになってしまいます。

私たちの周りにいる、正直な気持ちを押し通そうとする人、曲げないような人は、「よい人だけど、ちょっと堅い」「バカ正直」、あるいは「融通が利かない」などと言われることがあるのではないでしょうか。

もちろん、正直であるべき局面も多々あります。

どんな仕事をしたいのか、どんな生き方をしたいのかといった、人生の選択、自分自身の根源に関わるようなことでは、正直であるべきでしょう。

けれども、日々の日常生活で起こる出来事や人と人との関係で正直を貫こうとすると、人間関係に軋轢が生じ、それによってストレスが溜まることもあるでしょう。

誠実であることを求められる一方で、私たちは自分たちが周囲から期待されている役割を演じ、その場にふさわしいウソをつき社会生活を送っています。

しかしながら、これほどウソが社会生活において重要な役割を果たしているにもかかわらず、ウソの本質や性質を掘り下げて考えることはあまりありません。なぜならウソは「よくないもの」と教えられ、子供にもそう教育し、恋人には正直さを求めているからでしょう。

そして信頼している人がウソをついたことが分かると、私たちは深く傷つき、悩み、相手と、そして時には自分自身をも責めてしまうのです。

自分自身は数えきれないほどのウソをついているにもかかわらずです。

だからこそ、何のためにウソをつくのか、なぜ騙されてしまうのかよく考察し、よりよくウソを運用しながら、広義の価値を最大化する選択肢を探るべきなのです。

細胞もウソをつき、騙される

社会性とは話がそれますが、ウソについて、人の身体を構成している細胞のレベルにスケールダウンして、アナロジー的に考えてみようと思います。

細胞もコミュニケーションを行い、そこではウソをつくこともあるし、騙されることもあるというお話です。

人間は多細胞生物です。

細胞は栄養を受け取り、代謝を繰り返して活動しています。その細胞が集まって、筋肉や皮膚、骨や臓器となり、一つの生命体、人間を形づくっています。

それぞれの細胞は、まったく違う機能をもっているか、あるいは似たような機能をもっていても微妙に違うため、それが個体差、人の個性となって表れます。

細胞の集合体である筋肉、皮膚、骨、臓器は、それを構成している細胞同士の相互作用＝インタラクションによって、調和のとれた活動をしながら機能を果たします。

細胞が活動する仕組みには決まりがあり、もし細胞がその決まりから逸脱して、勝手に動いたり、変化を起こしたりすると、集合体としての臓器などが機能不全を起こす、もしくはがん細胞に変異してしまうということにもなりかねません。

だから、細胞たちは24時間決まりを守り、正直に規則正しく活動していると思われるでしょう。ところがそうとも限らないのです。

細胞のインタラクションには、細胞間のコミュニケーションが必要で、それは細胞間にある細胞外マトリックスを媒介して行われます。

細胞は、神経伝達物質やサイトカインといった細胞から分泌される低分子のタンパク質などを、細胞外マトリックスに放出して、それによってコミュニケーションをとっています。

しかしこの細胞同士のコミュニケーションは、ある一定の確率で起こるものなのです。

つまり、必ずしも常に行われるわけではないというのが、非常に興味深い細胞間のコミュニケーションだと思うのです。

また「細胞もウソをつく」という一例が、「がん」が増殖するメカニズムです。がん細胞は、自らが活動するための栄養を得るために、細胞間コミュニケーションにおいて、血管を作る細胞に対し「血管を伸ばせ」というウソの指令を込めたメッセージ物質を送り出し、自らの細胞の近くに血管を作らせたりするのです。さらに、がん細胞を攻撃する免疫細胞に対し、「私は味方なので攻撃してはいけない」というメッセージ物質を送り免疫細胞を騙して攻撃させないようにするのです。

そうしたがん細胞のメカニズムを利用した治療法も近年、世界中で研究が進められています。「敵ではないですよ」というメッセージが込められた物質に結合する抗体薬を投与して、免疫細胞に「いやいや、こいつは敵ですよ」と伝え、増殖を抑え転移を防ぐ方法です。

脳が見聞きしたことを記憶するときに、脳の神経細胞間で行われているコミュニケーションにも、不思議な現象があり、そしてそれが、人の記憶力が不確実である原因にもなっています。

見聞きした情報をやりとりするときに、情報を発信する細胞側のシナプスと、受け取る細胞側のシナプスの間で起こるコミュニケーションの割合は一定で、つまり100%ではないので、記憶と忘却も、その確率に合わせて起こっているということになります。

もし、記憶の細胞間コミュニケーションが100%の確率で起きるのであれば、私たちは見たもの、聞いたことを全部忘れないはずです。しかし、脳はハードディスクのように確実に記録されるようにはできていません。

細胞同士が情報を伝えるときに、すべてを伝えず、適当に伝えている。つまり「ウソ」をついている状態があるということがとても興味深く、不思議な現象として、むしろ美しく感じられるのです。

人間は個人の意思決定が強い。それでも、異なる互いの個人の意思決定の基準をぶつけ合いながら、社会を形成し、共同体をつくらなければなりません。しかしあまりにも強くぶつかりすぎると、共同体そのものが崩壊してしまうこともあります。

だから個人を細胞とするならば、細胞と細胞の間を埋めるための、間質というか、細胞と細胞を結合させるための接着分子としてのフェイクが存在するのではないかと思うのです。

個体と個体はそれぞれ違う価値や意思、役割をもっているけれど、有機的にやりとりすることによってより強い共同体ができます。そのやりとりをする情報伝達のとき、情報をお互いが理解しやすい形に整える必要があります。そのために言語があるわけです。

認知であったり、思考であったりを、相手に心地よく受け取れるように形を整えて相手に伝えるためには、フェイクを交えた言語のほうがより有効に働くこともあると思います。

細胞と細胞を結合し組織をつくるように、個々人をつなぎ共同体にするために、フェイクがある。そう考えると、やはりこれなしでは私たちは生きていけないのでしょう。

第四章
生産的ウソの効用と活用法

誰もがウソを必要としている

フェイクニュースや詐欺のように、ウソは悪用されるので非難されるべきものとされていますが、他者に損害を大きく与えないようなウソであれば誰でもついています。社会生活を営む上で、ウソをつくことが、相手に恥をかかせないような礼儀となり、むしろ推奨されているような場面もあります。この章では、ウソの効用に目を向け、上手な活用法を考えてみたいと思います。

ちなみに、「ウソ」にまつわる表現を文献的に調べてみると、「ウソは日本の宝」「ウソは誠の骨」「ウソも追従も世渡り」「ウソも場合による」「ウソも方便」「ウソも誠も話の手管」「ウソも三日は嬉しい」「ウソも身の芸」「ウソをつかねば仏に成れぬ」（『ことわざ大辞典』小学館刊）など、むしろポジティブな意味で使われていることわざも数多く見つかりました。

これらを並べてみると、何となく現実を言い当てているな、という表現もあるのではないでしょうか。

それくらいウソは昔から社会に深く浸透してきたのでしょう。なぜなら私たちは皆「虚構」というものを必要としているからです。

アートやエンターテインメントもいわばフィクションです。

歴史も事実として語られますが、新しく発見された資料で、それまでとは違った事実が明らかになるなど、今、知られている歴史の本当は、ウソとまでは言わなくても、仮の事実ということにもなるでしょう。

シンガポールを代表するアーティストの一人、ホー・ツーニェン氏は、歴史や思想を丹念にリサーチし、史実とフィクションを複雑に織りなす作品で知られています。

彼は、「実在とウソは、絶えず入れ替わっている。そしてフィクションは私たちをよりよい世界に導く生産的なものにもなりうる」とある雑誌のインタビューで語っています。

彼の言う、「よりよい世界に導く生産的なフィクション」を上手に活用していくことは、「はじめに」でも引用した中西先生のおっしゃる「聡明さ」であり、人類の知性と言えるのではないでしょうか。

強気なフリでポジティブな気持ちに

自信がなくても、「何とかなる」「自分はできる」と言い聞かせることで、実際に力を発揮できることが多いものです。

これは自分にウソをつき、自己暗示をかけて自信をつけているのですが、アスリートがしばしばとっている方法です。

社会心理学者のエイミー・カディが行った実験によると、自信がないときに、胸を張るなどの「強いポーズ」をとると自信が出て、リスクに対しても前向きになるということが分かりました。

さらに生理的な変化もあり、リスクをとる行動を促すテストステロンというホルモンの値が上昇し、ストレスホルモンであるコルチゾールの値が減少したのです。

面白いのは、うなだれるといった「弱いポーズ」をとってもらったときには、強いポーズをとったときと真逆の反応が見られたのです。

この結果から、強気なフリ（ポーズ）は、自信がないときやストレスを感じたときに、ネガティブな気持ちをポジティブに変えるために一定の効果があることが分かりました。

思い切った勝負に出るときや、ストレスのかかる場面に挑むときは、強気のポーズをとったり、「自分は大丈夫」「必ず合格する」という自己暗示が実は効果的かもしれません。プレゼンテーションの上手な人は、やや大げさなボディーランゲージで人を納得させてしまったりします。

これは自信があるように見せ、信頼されるためだけでなく、自分自身にも自信を与え、ポジティブな気持ちにさせるためにも効果があると言えるのです。

信じるか、信じないかはあなた次第

カディの提案した強いポーズは「パワーポーズ」と呼ばれることもあります。この姿勢をとると、やる気のホルモンであるテストステロンが増加して、ストレスホルモンのコルチゾールは減少し、リスクに対する欲求が高まり、就職の面接でのパフォーマンスも向上する、とカディは主張しています。

日本だけではなく、彼女の拠点である本国アメリカでも、この話はよく知られており、メディアでも広く取り上げられています。「力強く行動すれば、力強く考え始める」という考え方は、ポジティブで可能性に満ちたものであり、多くの人を勇気づけるからでしょう。

ただ、カディの主張に疑義を呈する研究者も、いないではないのです。より大人数の参加者を募り、より厳密に実験条件の設定を行った上で、この実験の再現性を確かめようとしたグループがありました。

その再現性確認実験をした研究グループは、パワーポーズが力の主観的なポジティブ感情を高めることが確認はされたものの、ホルモンの値や実際のリスク許容度には影響しなかった、と学術誌に報告しています。

こうした魅惑的すぎる理論は追跡実験で再現することができないことも多いのです。カディの研究は、心理学における複製危機の例としてしばしば引用されてもいます。

現在も、カディたちはパワーポーズの研究を続けているようです。けれども、その研究には本当に再現性があるのかどうか、少なくとも疑義が呈されている状態ではあります。

ただ、本書を読んでいる多くの人の生は、論文のためにあるのでもなければ、科学のために捧げられたものでもないはずです。科学に人生を捧げる、なんて、そんな人はごく一握りの研究者たちだけでしょう。

一つの論文が提示したエビデンスを信じ、自分の生に資するものとして取り入れるのか否か。信じるか、信じないかはあなた次第です。信じたほうが価値的だと感じるのなら、そうするのもよいと思いますし、誤っていると考えて棄却するのならば、それもあなたの判断として尊重したいと思います。

「人真似・物真似のウソ」で効果発揮

私がフランスの国立研究所にいた頃に出会ったフランス人男性のAさんは、ノーベル賞に一番近いとも言われている世界レベルで優秀な研究者でした。

彼の研究テーマは「脳の画像解析」で、毎日遅くまで研究に明け暮れ、毎年多くの論文を発表するというハードな仕事でした。しかし、彼はいつも楽しそうなのです。

「脳の画像解析」は、画像の微細な違いを丹念に見極めていくという根気のいる、細かい作業の連続です。こうした作業の中には、あまり楽しくない作業もあれば、得意でない作業もあるでしょう。

けれども、Ａさんはそうした作業を、できるだけ楽しくできるような工夫をしていたのです。

例えば、実験で、細かい作業を繰り返して緻密に検証結果を積み上げていく作業というのは少し苦手でした。

そこで、その作業をするときには、フランス人である自分より緻密な作業が得意そうな、日本人やドイツ人になりきりながら取り組んでいたのです。

人真似・物真似は、いってみれば「ウソ」ですが、誰かの真似をしたり、なりきったりするのは楽しいものです。

苦手な作業もこうした工夫をすることで楽しみながらこなしていくのには驚きましたが、と同時に、脳の使い方としても理にかなった賢い方法と言えるのです。

というのも、脳には、他者の能力を写し取る能力があるからです。

「ミラーニューロン」と呼ばれるものです。

上手な人を真似ていると、次第に自己のイメージと重なり、自然と行動や結果に反映されてきます。実際に細かい部分を詳細に詰める作業が得意である日本人になりきることで、いつの間にか自分もスキルアップできるという、脳科学的にもとても効果的な方法なのです。

肯定的な固定観念を利用

社会心理学者のエイミー・カディの実験をもう一つ紹介します。テストをするときに、被験者が、自分に当てはまるネガティブな固定観念を思い出すようにすると、そのテストの点数が下がり、逆にポジティブな固定観念を思い出すようにすると点数が上がるということが分かりました。

固定観念とは、人種、性別、年齢、社会的・経済的な状態などです。

例えば、ネガティブな固定観念なら女性は理系が苦手、ポジティブなら日本人は数学が得意などといった固定観念を、事前に思い起こさせると、それがテストの結果に影響するのです。

つまりウソでも肯定的な固定観念を植え付けることで、実力以上の力を発揮させるということが可能とも言えます。

成功する人というのは、意識していないにかかわらず、自分は成功する、結果がついてくるといった肯定的固定観念というものが自分の中につくりあげられていて、それをうまく活用しているように思います。

例えば「あの人は自分に惚れているに違いない」と妄想すると、自信が湧いてきたりしますよね。

そういう自信が自分を魅力的に見せていることもあるのです。

見た目でイメージアップ

メイクは「化粧」と言うくらいですから、虚像＝ウソです。

しかしながら、女性なら（最近は男性でも）、メイクやネイルで身なりを整え、外見がよくなることで気分が上がります。

そして、外見を整えることは、自分の気分を上げるだけでなく、他人に与える印象にも影響を及ぼします。

第二章で触れた「ハロー効果」です。

人は、外見でよい印象を受けると、その人の他の部分にも好感をもってしまうのです。

外見とは、メイクだけではなく、服装や持ち物、肩書や経歴といったものが含まれます。

そして、人格や気質、性格といった内面的な要素とは直接的な関係はないはずなのに、それらの評価にも大きな影響を与えてしまうのです。

つまり同じレベルのスキルや能力がある場合は、見た目がよいほうが、それだけで信頼に値すると好印象を与えるのです。

アメリカの心理学者のレオナルド・ビックマンの実験によると、身なりのよい人と悪い人に対する周囲の人の反応が大きく変わることが分かりました。

実験では、電話ボックス内のよく見えるところに10セントコインを置き、他の人がその電話ボックスに入ったところを見計らって、「10セントコインが置いてありませんでしたか？」と声をかけます。

このとき、声をかける人が、身なりのよい場合とみすぼらしい場合に分けて、相手の反応を確かめるというものでした。

身なりがよい場合は、８割弱の人がちゃんとコインを手渡してくれたのに対して、みすぼらしい場合は、手渡してくれたのは３割程度だったのです。

この結果から推測すると、身なりを整えていると、見下されにくいということになります。

実力が同じでも外見でよりよい印象を与えることができれば、より高い評価を得られやすくなる、という心理を知っておくと、「ここは！」という場面では役に立つこともあるでしょう。

ウソから出たマコト

自分がこうありたいと思ったように振る舞うことで、その姿に近づいていくことがあります。

またウソでも毎日自分のよいところを褒めていくと、不思議とそういう人になっていくことがあります。まさにことわざにもある「ウソから出たマコト」です。

人間は、社会的報酬を求める性質があります。そこで自分で自分を認める、褒めることでこの欲求を満たしてあげるのです。

自分に対する評価が低いと、他者との関係を築くことができませんが、自分を認めることができると、相手も認められるようになるのです。

そして、相手のことを認め、自分と同じように褒めることで、価値ある人脈を築き、成功にも近づいていきます。


自分で自分を褒めることが苦手な人もいるでしょう。自分自身でよいイメージをもっていくことが難しい人もいるでしょう。

もしそうなら「あなたはきっとよい結果を出せるよ」「あなたはこんなすごい人になれるよ」と、ウソでもポジティブなことを言ってくれる人を探してみるとよいでしょう。

他者から褒められれば、当然効果はさらに高まります。

ウソでもいいので「すごい！」「さすが！」と言ってくれる友人がそばにいると、前向きになり、実力以上の力を発揮する効果があります。

最初は実際の自分の実体と乖離しているのではないかと思っても、そのポジティブな言葉やイメージのシャワーを浴びているうちに、その自分と一致してくるのです。あなたの周りを見渡して、客観的に自分のことを見て、よいところを見つけてちょっとだけ話を盛って大げさに褒めてくれる人、自分によいイメージをもたせてくれる人はいませんか？

そういう人がいたら、ぜひポジティブな言葉をかけてもらい、そしてその言葉を信じ、自分の中にそのイメージがプラスに働く心理をうまく利用すべきだと思います。

ただし、注意も必要です。マコトになるウソが、悪いウソだった場合です。悪いウソで誰かの同情を買おうとしたり、相手を悪い意味で欺く自分を演じている場合です。そして、そのウソを相手が信じ自分が得をしたという経験をすると、快感を覚えて繰り返してしまい、その結果自分の悪いウソを本当に信じ始めてしまうことがあります。自分自身につくウソも、相手から褒めてもらうウソでも、それが自分をよい方向に導くウソなのかどうかを見極める必要があるでしょう。

「ホーソン効果」と「ピグマリオン効果」

人は褒められたり、期待されたりすると、その期待に応えるために頑張りたいという気持ちになるものです。

特別扱いをされたり、注目度が高くなったりすると、意欲的になり好結果につながることがあります。

「相手の期待に応えたい」という気持ちから生み出され、行動が変わり、よい結果を生み出す現象を「ホーソン効果」と言います。

このホーソンとは、ハーバード大学が実験を行った工場の名前です。

そもそもは「どのような作業条件によって生産能率を高められるのか」を調査するための実験だったのですが、物理的な作業条件よりも、実験に参加した人たちが、「自分たちは注目されている」「自分は期待されている」と意識するようになったことによって生産性が向上したとも言われています。

モチベーションを引き出したいときには、たとえウソでも、「注目されている」「他人から見られている」という環境をつくりだすことが効果的な場合と言えるでしょう。

アメリカの教育心理学者であるロバート・ローゼンタールが報告した「ピグマリオン効果」は議論が分かれていて、検証が必要なのですが、教師によって期待をかけられたり、注目されると子供の意欲が高まり、学力向上につながるとされています。

この実験では、まず小学生のクラス全員に知能テストを受けさせました。

そしてテストの後に学級担任に今後成長が期待できそうな子のリストを見せたのです。

しかし、実はそれはでたらめで、無作為に選んだ児童のリストでした。しかし、その後のテストでは、無作為に選ばれたはずの児童の成績が向上したのです。

この実験報告では、ウソでも「あの子が伸びますよ」と言われた先生がそのことを信じ、期待をかけたことによって、実際に児童の成長が促されたと主張されています。

そして期待感は本人に伝えても効果があると考えられます。ただしそのとき注意したいのは、「頭がいいね」ではなく、「期待しているよ」「君ならできるよ」と伝えること。もしくは「よく頑張ってるね」と伝えること。

「頭がいいね」と言われた子は、「頭がいい」という評価を失いたくないために、失敗を恐れて確実に成功できるタスクばかりを選択するようになる可能性があるからです。

褒め方には注意が必要

このことを証明する実験があります。

1990年の終わりに、コロンビア大学で次のような研究が行われました。人種や社会経済的地位の違う10歳から12歳までの子供たち約400人を対象に知能テストを受けさせ、実際の成績は隠し、個別に「あなたの成績は100点中80点だ」と全員に伝えたのです。

そして子供たちを3つのグループに分け、それぞれ次のように伝えました。

●グループ1　「本当に頭がいいんだね」と褒める。

●グループ2　「努力のかいがあったね」と褒める。

●グループ3　何のコメントもしない。

続いて、子供たちに、誰でも解けるようなやさしい問題と難しい問題のどちらかを選んで取り組ませました。

するとやさしい問題を選んだ子の割合は次のようになりました。

●グループ1　「本当に頭がいいんだね」と褒める➡65％

●グループ2　「努力のかいがあったね」と褒める➡10％

●グループ3　何のコメントもしない➡45％

この実験のポイントは、各グループの子供たちが、やさしい問題と難しい問題のどちらを選ぶのかです。

驚くことに、「本当に頭がいいんだね」と褒められたグループ1の子供たちは、難しい問題を避け、やさしい問題を選ぶ割合が高かったのです。

さらに、別の難問に取り組ませ、自分の成績を自己申告で、みんなの前で発表させたところ、グループ1の子供たちの約40％が、本当の自分の成績よりも高い点数を発表しました。つまりウソをついたということです。

事実は、グループ1の成績は、他のグループより悪かったのです。


全体を通してグループ2の子供たちは、難しい問題を面白がって取り組み、最後の課題ではどのグループよりも多くの問題を解きました。

この研究結果では、「頭がいいね」と褒められた子供は萎縮してしまい、挑戦する意欲を失い、さらには失敗を隠そうとウソをつく傾向が高いことが示されています。

そして研究チームは、褒め方には注意が必要であり、結果だけを褒めるのではなく、チャレンジする姿勢、工夫に対して評価することが、失敗を恐れない心を育て、その子の能力を伸ばすと結論づけています。

ウソでも効く「プラシーボ効果」

たとえウソでも、「効果がある」「役に立つ」と思い込むバイアスは、精神だけでなく、肉体にもよい方向に働く場合があります。

まさにウソの効用の最たるものと言えるのが、偽薬効果＝プラシーボ効果でしょう。本来なら薬効のないはずの偽薬を飲んでも、患者自身が「この薬は本物であり、効果がある」と信じ込むことで、実際に病気が治ってしまうという現象です。

これは１９５５年にハーバード大学の麻酔学者ビーチャーによって明らかにされ、広く知られるようになりました。

例えばその薬が砂糖の塊といったまったくの偽薬であっても、「これを飲めば絶対に自分はよくなる」と信じて飲んでいれば、症状が改善されることが統計的に確かめられているのです。

さらに、偽薬の服用をやめたとたん症状が悪化するといった、プラシーボとの逆の効果もあることが分かっています。これが「ノーシーボ効果」と言われるものです。

ある研究では、「自分は心臓病にかかりやすい」と信じている女性の死亡率は、心臓病にかかりやすいと信じていない女性の4倍に上ったということです。

脳にはそもそも思い込みがあるとはいえ、ウソによって生死さえも左右されてしまうというこの結果を見ると、騙されることの効用、上手によいウソをつく意義について検討されてもよいのではないかと思ってしまいます。

ちなみに、「プラシーボ」とはラテン語で「喜ばせる」という意味があります。

思えばかなう「ラベリング効果」

思い込みの力を利用したよいウソの一例には「ラベリング効果」もあります。ラベリング効果とは、その名の通り、「ラベルを貼る」ことです。

自分にとって望ましいラベルを相手に貼ることで、相手の思考がそのラベルに影響され、自分にとって都合のいい行動をとるように誘導することです。

例えば、勉強嫌いや努力家なのに成果を本番に発揮できないお子さんに対しては、

「勉強しなさい」

「気合入れて」

などと言うよりも、さりげなく「計算力はあるほうだね」「あなたには努力する才能があるのね」と伝え、「得意なのだ」「そういう才能があるのだ」と思わせるようなラベリングをしてあげるとよいと思います。


ただし、音痴な子に「歌の才能がある」と言ったり、走るのが苦手な子に「陸上選手に向いている」などと伝えたり、本人が苦手だと自覚していることを「才能がある」と大げさに褒めても、馬鹿にされたと思われるなどして、かえって不信感を高めるだけでしょう。お薦めはしません。

ただ、詐欺師はこのラベリング効果を使って上手に騙そうとしてくる、ということも覚えておくとよいでしょう。

ウソが苦手な人は

どうしてもウソをつくことにためらいがあったり、そもそもウソを思いつかなかったり、本心と違うことを言おうとすると、緊張してすぐバレてしまうような、どうしてもウソが下手な人がいます。

これは自分への戒めも込めて伝えたいことです。

そんな人は、普段から、話術がたくみな人（大体はウソつきです）の言葉で、「ウソだとは思うけどいいな」「これは使えるな」と感じるような言い回しを覚え、ストックしておくとよいでしょう。

よいウソのテンプレートのようなものです。英語の短いセンテンスや慣用句を覚えるようにして身に付けるとよいかもしれません。

もちろん、覚えるフェイクは「ウソも方便」「ホワイト・ライ」のような、相手を傷つけない言い回しです。

最初は、そうしたフェイクをさりげなく会話に盛り込みながら相手を持ち上げ、褒めるようなフレーズ、会話の流れを覚えるとよいでしょう。

フェイクのストックを、上手な人から学び、データベースのように蓄積しておけば、必要なときにいつでも取り出せ、それが自分を守ることにもなり、相手を傷つけることなく、良好な関係性を保つこともできるでしょう。


人生を振り返り、あの時、うまいウソが言えていれば面倒なことにはならなかったのに、という場面はたくさんあると思います。

この本を読まれた方には、ウソをすべて否定するのではなく、上手に使い、楽しく、賢く生きていただきたいものです。


仕事では、嫌いな人でも付き合っていかなければなりません。ほどほどの距離をとるにはウソは欠かせません。

親しき中にも礼儀ありです。

仲のよい相手ほど、かえって気兼ねなく自分の本心を言って、相手とぶつかったり、相手を傷つけたりしてしまいがちです。

そうした無用なトラブルを避けるために、誰かをちょっと幸せにするフェイクのストックを持ち合わせ、知的運用を心がけたいものです。

もしくはウソを言わないまでも、「ありのままの事実のみを話す」という選択肢と、「そのまま言わない」という選択肢を、うまく使い分けることで、人とのコミュニケーションもよりスムーズに、そしてより奥深いものになるでしょう。この厳しい真実をどう伝えるのかという無駄なストレスからも解放されるのではないでしょうか。


ウソをつかれるのが苦手という人も多いでしょう。

ただし、前述したようなよい効用があるウソには「はったり上等」ではないですが、あえて乗ってみるというのも手かもしれません。

悪質なウソであれば、それは棄却してもよいと思います。しかしウソだからといって、思考停止してすべて棄却するよりも、是々非々の立場で見ていくという姿勢が重要なのではないでしょうか。それがリテラシーではないかと思います。

自分にとってメリットがあるかないか。物理的メリットではなくとも、心理的メリットがあるのか、ないのかということも、よく見極めていきたいものです。

次章では、よく見極めて避けるべき、「悪意のあるウソ」について考察していきます。

第五章
悪意のあるウソ

詐欺師

ウソは良好なコミュニケーションの道具として、また人間関係を潤滑にするためにも不可欠です。しかし、誰かを傷つけ、損害を与え、扇動したり搾取したりするウソは決して許されるべきではありません。

第二章では、私たちの脳が騙されやすいことについて言及しました。

この章では、その騙されやすい脳の性質を狙った「悪意のあるウソ」に着目します。ここで紹介する「悪意のあるウソ」は、なかなか見抜くことが困難で、それゆえ完全になくすことはできません。

しかし、「悪意のあるウソ」の有り様を知ることは、自分を「悪意のあるウソ」から守る一助となることでしょう。

まず代表される、悪いウソをつく人が「詐欺師」です。

例えば、特殊詐欺と呼ばれる詐欺には振り込め詐欺のほかにも様々なものがあります。県や市区町村などの自治体や税務署の職員などと名乗り、医療費などの払い戻しがあるからと、キャッシュカードの確認や取り換えの必要があるなどの口実で自宅を訪れ、キャッシュカードを騙し取る「預貯金詐欺」などもあります。

最近増加しているのが、警察官などと偽って電話をかけ、「キャッシュカード（銀行口座）が不正に利用されている」「預金を保護する手続きをする」などとして、ウソの手続きを説明した上で、被害者が目を離している隙に、あらかじめ用意しておいた偽のキャッシュカードにすり替えるなどして盗み取る「キャッシュカード詐欺」です。

インターネットサイト事業者などを名乗る犯人から、インターネットの未納料金が発生しているなどの名目で、携帯電話にショートメッセージ（ＳＭＳ）を送り、実際には使用していない料金を支払わせようとする「架空料金請求詐欺」や、雑誌やインターネット記事、電話やメールなどで「パチンコ、パチスロの必勝法」「公営ギャンブルの必勝法」「宝くじの当選番号」などを教えるともちかけ、その情報によって当選金や配当金が得られるものと信じ込ませる「ギャンブル詐欺」などもあります。

こうした特殊詐欺は、家族や警察官を装って電話をかけ、被害者をまずパニックにさせるのが特徴です。

「会社のお金を使い込んでしまった」
「女性を妊娠させてしまった」
「事件に巻き込まれた」
「あなたの口座が詐欺に使われている」

などと言って電話をかけ、さらに矢継ぎ早に「今すぐに」「大至急」と急かす言葉をまくしたてて相手をパニックに陥れ、冷静な判断をできなくさせるのです。

騙される側は、身内や制服を着ている警察官に対しては信用してしまいやすく、急かされるとパニックになるので、冷静に考える余裕がなくなり、理性的な判断ができず、つい言われた通りに行動してしまうのです。

訪問型の詐欺を行う詐欺師は、騙されやすい人の家の玄関や表札などには、目立たないように痕跡を残していくと言います。

何のために？　そう、もう一度騙すためです。

つまり、彼らは経験上、騙された人はもう騙されない、のではなく、むしろ騙されやすい人は何度でも騙されるということを知っているのです。

また振り込め詐欺のグループは、高齢者をターゲットにしていることはよく知られています。これも、高齢者は詐欺にひっかかりやすいということを経験知によって知っているからです。

警察が日々撲滅に力を入れていますが、近年詐欺グループの手口が巧妙化し、認知件数が増えているのは第二章で述べた通りです。

いたちごっこのような状態ですが、詐欺の手口を暴き、注意喚起をするだけでは追いつかないことは自明でしょう。

むしろ、なぜ騙されるのかということに目を向け、誰でも騙される危険があるということを前提にして対処法を考えたほうが効果的ではないかと思います。

SF商法

振り込め詐欺のように警察が動いてくれるような犯罪は分かりやすい例ですが、悪意がありつつ犯罪ギリギリのラインを攻めてくる商法もたくさんあります。

犯罪として立件することは難しいけれど、明らかに消費者を騙して買わせようという意図がある商売が「SF商法」です。

SF商法は、いわゆる「催眠商法」のことですが、そもそもは「**新製品普及会**」という業者が行っていたため、その頭文字をとってSF商法と呼ばれています。

具体的には、空き倉庫や公民館など閉ざされた会場に人を集め、日用品などの無料プレゼントを配って会場を盛り上げた後、冷静な判断力を失わせてから、来場者に法外な価格の健康器具や布団、サプリメントなどの商品を売りつける手口です。

参加者は、司会者からプレゼントを受け取り、「皆さんは特別です」「本当にラッキーです」などといった特別感を煽る言葉で熱狂し、一種の催眠状態に陥ってしまいます。

この手口で商品を購入し続けた結果、老後の貯蓄や保険金を取り崩す状況になるまで追い込まれることもあります。後で冷静になって品質や価格に疑問を感じても、臨時の会場での販売になるため、販売業者の所在が分からず、返品や問い合わせができないなどのトラブルが起きてしまうのです。

多くの人がある商品に興味を示し購入しようとすると、自分もその流れに乗って購入しなくてはという気持ちになってしまいます。いわゆる「みんなが買うなら私も買わなくちゃ」「みんながいいというなら安心だわ」という心理です。

このように参加者が周囲の多数意見を判断材料にしてしまう心理現象を「バンドワゴン効果」と呼びます。

同調圧力によって集団の中で冷静な判断力を失わせ、司会者によって興奮状態にし、みんなが買うなら私もという意識を煽るのです。

このSF商法は、脳科学的にも巧妙なテクニックと言えます。

「私も！　私も！」と必要もない高額商品に群がっている状態は、まさに脳が乗っ取られた状態です。一種のハイの状態になり、必要かどうかといった冷静な判断ができずに衝動買いをしてしまうのです。これは興奮状態をつくりだすドーパミンを分泌する「側坐核」

と言われる器官が温まり、脳のブレーキが緩んでドーパミンが大量に分泌され、その快感に脳が酔っている状態です。

しかし、側坐核は温まるまでに時間がかかる器官なので、すぐにはハイな状態にはなりません。そういう意味では会場に入り、すぐに買わせたい商品を見せるのではなく、プレゼントを与えたり、ワクワクするような言葉を浴びせかけまくるといったアプローチを行うことは、側坐核をじっくり温め、参加者を興奮状態にするためにとても効果的なのです。

そして会場内（そして参加者の側坐核も）が温まったときに、

「さあここからが本日のメインイベントです」

「実はこれが目玉商品です」

と言って畳みかけられると、脳のブレーキが利かなくなり、我も我もと購入してしまうのです。

またSF商法は、オキシトシンの働きを利用しているとも考えられます。閉め切った会場に集められた「集団」に「参加」し、「帰属」することで、オキシトシンの分泌が増えて、仲間意識が生まれるのです。オキシトシンが分泌されると、相手への親近感や信頼感、安心感が生まれ、そして心理的ストレスも緩和します。さらに仲間意識が生まれることで、規範意識も高まり、集団から逸脱した行為をとりにくくなります。さらにオキシトシンは、時として判断を狂わせ、間違った判断を「正しい」と思い込み、過激な行動をも促進させてしまうことがあるのです。

愛情を悪用したウソ

結婚すると思わせて相手の財産を奪うのが結婚詐欺。これは立派な犯罪です。一方で、入籍して法定相続人になることで、相手の財産を相続する「後妻業」は罪には問われません。

今後、超高齢化社会を迎える日本においては、こうした有罪・無罪の隙間を狙った高齢者をターゲットにした悪徳ビジネスが、徐々に増えてくる可能性があります。

後妻ビジネスがなぜ成り立つのか。そこには「返報性の原理」があると考えられます。

返報性の原理とは、相手から好意や恩を受けた場合、その後自分も相手に「お返し」をしたいと感じる心理のことです。
「若い女性が自分に優しくしてくれた」「親類でもないのに親身になって世話をしてくれた」といった相手から受けた厚意に対し、自分もお返しをしなければという気持ちが生じるのです。

後妻ビジネスもこんな心理を利用していると言えるでしょう。

被害者には、「若い女性が親切にしてくれ、結婚までしてくれるのならば、自分は財産など惜しくはない」「共に未来は築けないが、せめて自分の財産でその愛情に報いよう」という返報性の原理が働いたとも考えられるのです。そしてお気づきのように、「後妻業」とはそうした心理を悪用して仕組まれた、悪徳ビジネスなのです。

自爆テロの実行者には、夫を亡くした寡婦が多いと言います。

しかも、その理由はテロ組織が自爆テロの実行者をつくるために夫を殺し、未亡人となった女性に「あなたも神のために働けば、彼と同じところに行ける」と勧誘するからなのだそうです。

真偽はともかく、「夫の死」を理由に寡婦を勧誘するのは、夫への愛を利用した悪質なウソと言えるでしょう。

「恋人や伴侶への愛を貫く」という、ある意味正常に思考し行動しようとする人の精神に付け込んで、冷静な判断力を鈍らせるのです。これは前述したオキシトシンというホルモンが影響していると言えるでしょう。

そういう意味では、後妻ビジネスの返報性にも、オキシトシンが関わっているとも考えられます。

愛情を感じ、絆を深めようとするオキシトシンが促進される行動はよいものであると感じます。しかし、オキシトシンの濃度が高まると、「愛する人を守りたい」「愛する人を攻撃する人を許さない」という感情も強くなる。そしてオキシトシンによって、「愛する人を守るために財産を投げ出すこと」「愛する人のために他人を攻撃すること」は「正当な理由がある」としか認知されなくなるのです。この脳のメカニズムが悪意のある人に利用されると、「愛情」がセキュリティーホール（セキュリティ上の欠陥）となり、簡単に騙されてしまうのです。

愛情を悪用するウソや詐欺行為には、こうしたオキシトシンの働きや返報性の原理が関わり、より自分をコントロールすることが難しくなり、人に悪用されやすい状態をつくりだしてしまうのです。

マインドコントロールによるウソ

環境や他者など、外的な要因に敏感に反応して、その性質を柔軟に適応させることができるのが脳の特徴です。

私たちの人生は適応の連続です。ルールに縛られることも適応であり、誰かの求めに応じて動かざるを得ないことも適応です。

適応は生存していくための知恵でもあるのです。

ところが、この適応しようとする脳の特徴を利用して、自分の思うように人を操り「マインドコントロール」しようとする人がいます。

マインドコントロールと混同されがちな操作に「洗脳」があります。「洗脳」は身体的、精神的に、様々な強制を行い、アメとムチを使って思想、思考を改造しようとします。その人の自主性や意思を奪い、傀儡として動くように仕立てるのです。

それに対して、マインドコントロールは、コントロールしようとする人が、その意図や影響力を気づかれないようにして、相手の意思や精神を誘導・操作します。言葉たくみに、相手の弱さに付け込んだり、不安を煽ったりする方法などが使われたり、また、脳がリソースを節約するために命令されたい、という性質を利用して命令されることに慣れさせていくという方法も使います。

そしてコントロール下にいる状態の人は、コントロールしようとする側のウソを疑うことなくウソを容易に信じ、それ以外の人の助言は排除しようとしてしまうのです。

SNSのフェイク

最近、話題になっているのが、多くの人が損をしていると気づかない「悪意のあるフェイク」です。

そうした「悪意のあるフェイク」とも言えるのが、SNS経由で許可されていない第三者が、不当に利用者の個人情報を集めて、それを基にしてパラダイムを誘導しようとするようなフェイクです。

この場合、利用者は構造に潜むウソに気づかず、個人情報を自分の知らない第三者に渡してしまうのです。

そしてこれが、政治的に使われたり、マーケティングに利用されたりすることがあります。

また、SNSで上位に表示される情報は、SNSが独自に設定しているアルゴリズムによって決められます。

そのアルゴリズムが、より耳目を引きやすい扇動的な投稿が上位にくるように設定されていることがあるため、感情に訴える、刺激的な投稿ばかりが目についてしまうこともあります。

これは明らかに、事実以上のセンセーションを起こすための「悪意のあるフェイク」です。

Ｆａｃｅｂｏｏｋ社がメタ（Ｍｅｔａ）に社名を変更したのも、扇動的投稿への加点率が高い、個人情報の不正な共有といった問題が明るみに出たため、そのイメージを払拭しようという狙いがあったと言われています。

ＳＮＳの危険なところは、自分が知らず知らずのうちに、誰かに誘導された選択肢を選び、いらぬトラブルに巻き込まれてしまうことです。自分が気を付けていても、自分が情報を預けた先で何が起こるか、まったく予測できないのです。

インターネットが普及する以前、テレビが情報流通の主流だった頃、潜在意識に働きかけて、相手の意思を操作しようとするサブリミナル効果を利用することの是非が問われ、１９９０年代に、日本のテレビ局では、サブリミナル的表現が禁止されました。

Ｆａｃｅｂｏｏｋ社はその後大きな批判を浴び、競合他社にユーザーを奪われ、株価も下がってしまいました。

自分たちが、意識的に選択したと思っていたものが、実はたくみに誘導されていた結果だったという、不誠実なウソの構造が嫌悪感につながったのでしょう。

企業の不正

2000年6月、ある自動車会社がリコールにつながるクレームを運輸省（現・国土交通省）に報告しなかったという大規模不正が発覚しました。それ以降、企業による性能や品質の偽装、工事や検査など、各種データの改竄といった不正＝ウソが次々と発覚しました。

これは、国と企業という2つの大きな組織の間で、基準を遵守しようとする意識に乖離が出てきてしまったと言えるでしょう。

「こういうことをしてはいけません」という思考の枠組み、罪状の枠組みが合法であるか否か、合法非合法の境目がある場合、自分が属する共同体の絆が濃ければ濃いほど、その外側の組織と共同体の基準には乖離が出てきてしまうのです。

例えば、国と村の掟に微妙な違いがある場合、どちらに従うべきなのか、というと分かりやすいでしょうか。

国に比べ、村との関わりのほうが強い場合は、村の人間関係のほうが濃くなるため、村の掟に従い、国の掟を時には無視してしまうということが起こりうるのです。

こうした心理を利用し、自分たちの企業＝共同体を益するために、意図的に可・不可、合法・非合法すれすれのことをさせる、場合によっては法律を逸脱することも厭わない悪意のあるリーダーもいます。

そうした人が部門リーダーの場合は、「会社はこう言っているけれど、上司である私はこうしたいと思う。同じ部署のあなたは上司である私の命令が聞けないのですか？」と言って、不正に加担することを強いることもあるでしょう。そして命令通り実行すると、褒めるどころか、「君もあんなことをしたではないか。共犯だ。バラされてもいいのか？」と言ってより締め付けを厳しくし、ウソの上塗りを強要しながら、さらに加担することを求めるというケースもあります。

部下としては、上からの命令には従うべき、会社のためにという村的な掟により、国の基準を守らないことを正義とされてしまったわけです。ところが上司・会社としては、不正＝ウソを強要することで、共同体としての絆を強め、パフォーマンスを上げることに成功してしまっているため、余計に不正を是正する必要性が低くなるのです。

こうしたケースはまれだとしても、企業の不正がなぜなくならないのかと言えば、共同体によってそれぞれの基準がある以上、片方から見れば不正であり、片方から見ると不正ではないという事象が生じてしまうからです。

コンプライアンスやガバナンスといった言葉が言われて久しく、どの企業も、その法令遵守、企業統治の徹底に尽力していても、今なお企業による不正＝ウソの事件が絶えないのはこうしたダブルスタンダードが存在するからでしょう。

そして残念ながら人間は基準が変わっても、その間を行ったり来たりできるようにつくられているのです。

究極的な例を挙げると、戦場では人を殺すことが正義である。けれども平時においては、人を殺すことは許されない。そんなダブルスタンダード、トリプルスタンダードでも生きていけるようにつくられているのです。だから不正をなくすことは非常に困難なのです。

企業の中では、ウソをつくことが推奨される場面もあります。けれども、ウソをつくことが禁じられている場面もあります。どちらにも適応できるというのは、実は組織人としての資質の一つとされてきた部分があるのでしょう。

だからこそ企業の不正を防ぐためには、「不正をなくす」というスローガンを掲げるだけでなく、社内にどのようなダブルスタンダードが存在するのか、その背景を含め把握する必要があるでしょう。

サイコパスによるウソ

たとえ善意のウソであっても、人は罪悪を感じるものですが、善悪を超えて、ありえないようなウソを平然と、しかも常習的につく人がいます。

サイコパス（精神病質者）です。サイコパスは、他者が抱える「痛み」に対する認識や、他者への「共感」が普通の人と著しく異なっていることが分かっています。

自分の経歴を詐称し、悪辣な不正や罪を犯しても後ろめたさすら感じない。それどころか、自分を正当化するような主張を繰り返します。

サイコパスは、ありえないウソをつくだけでなく、そのウソが露見しても平然としています。

サイコパスは、元々アメリカで凶悪犯などの反社会的な人格を表すために作られた言葉です。しかし、その後の研究で、サイコパスの人格が、必ずしも猟奇的な犯罪者だけではないことも分かっています。

社会的に地位が高い職業、弁護士や外科医、大企業のＣＥＯなど、他人に影響力を及ぼし、大胆な決断をする必要がある人に、サイコパスが多いという研究結果もあります。研究にもよりますが、大体１００人に１人と言われているので、意外と身近な存在と言えるでしょう。

またサイコパスは他人の心理を洞察する力が優れていると言われます。人が、内実よりも外見や肩書といったラベルに影響されるということをよく観察して知っていて、あえて効果的にラベルを使い、それによって他人をコントロールしようとします。

意図的に犯罪性があるようなラベリングをするのであればとても危険ですが、仕事に生かそうとする場合は、できるビジネスマンとして評価されることもあるので、サイコパスのつくウソは厄介なのです。


サイコパスは、口が達者で、自分をよく見せようと話を盛り、主張もコロコロ変わります。しかも、恐れを知らずに果敢に行動するため、その振る舞いは堂々として、魅力的にも見えてしまい、つい信じ、何度もそのウソに騙されてしまうことになります。

もし、そんな人が周りにいて、さらに「この人は、共感力が少ないな」「他者の痛みに鈍感だな」と思ったら、サイコパスかもしれません。

第六章
歴史から見るフェイクの活用例

ロスチャイルドの情報戦

この章では、これまでこの世界でどのようなウソ・フェイクが歴史上で利用されてきたのか、様々なジャンルの例を挙げて紹介していきたいと思います。

歴史上戦争では、政治、経済、社会で様々なリスクが増大し、ウソが拡散しやすい土壌が出来上がります。

戦時には、敵対する国や、その協力国に対して、攪乱することを目的に発信される戦略的なウソもあれば、「偽旗作戦」と総称される、戦場での戦術として古くから使われているウソがあります。

また、戦争に勝つためではなく、戦乱に乗じて利益を得るために、経済活動として発信されるウソもあります。

そんな戦時期における例として有名なのは、1815年のワーテルローの戦いで、ロスチャイルド一族のネイサン・ロスチャイルドが、イギリス公債で大儲けした際に流したフェイクでしょう。

ナポレオンが幽閉先のエルバ島を脱出して再び帝位につくと、起死回生の決戦として、フランス軍はワーテルローで、イギリス、オランダ、プロイセンの連合軍と戦うことになりました。

開戦当初の三か国連合軍は必ずしも優位ではなく、連合軍、フランス軍、いずれが勝利するかは分かりませんでした。

イギリスは戦費を得るために戦時国債を発行しており、イギリスが勝てば、国債が値上がりし、負ければ値を下げることになります。

ネイサン・ロスチャイルドは、当時すでにヨーロッパ中で金融事業を展開していたマイアー・ロスチャイルドの五人息子の三男で、イギリスを本拠地にしてドイツにいる父マイアーや、ヨーロッパ各地に拠点を置く兄弟たちと連携して一族で事業を行っていました。

ロスチャイルド一族は、独自の情報網を構築していたので、ネイサン・ロスチャイルドは、イギリスにいながらヨーロッパの状況を入手できたのです。

ワーテルローの戦況についても、イギリス軍の公式ルートより早く知ることができたと言われています。

当然、イギリスの公債を購入しており、イギリスの勝敗に注目していました。そして、公式ルートより早く得た情報で、公債の価格に影響を与える行動をとったのです。それは、事前に得ていたイギリス勝利の情報にもかかわらず、手持ちのイギリス公債を売り出したのです。

ネイサン・ロスチャイルドの情報収集能力は、すでに周知のことであり、そのロスチャイルドの動向に、投資家たちは注目していました。

その、ロスチャイルドが、公債を売り出したので、周囲の投資家たちは「ロスチャイルドが公債を売るのはイギリス軍が負けたからだ」と思い込み、同じく売りに走り、公債価格は下がっていくことになります。

そして公債の価格が下がったところで、ネイサン・ロスチャイルドは、一転して買いに回りました。

遅れて、公式情報としてワーテルローでのイギリス軍勝利の報がイギリス本国に伝わると公債は反転値上がりし、ネイサン・ロスチャイルドは、公債を高値で売り抜けて莫大な利益を得ることができたと言います。

実際にはイギリス軍が勝っていたのですが、自分しかその情報を知らないという状況を利用して「公債を売る」という偽のサインを送ることで、彼は周囲の人々の行動を誘導することに成功しました。明文化されたウソをついたわけではありませんが、ミスリードを意図的に誘導して巨額の利益を得たのです。

「ブルーベリーが目によい」？

「ブルーベリーが目によい」という説は、イギリスで第二次世界大戦で発信されたあるウソが元になっていると言われています。

当時イギリスは、ドイツ空軍による夜間の空爆に悩まされていました。夜空では敵機を発見するのが難しく迎撃が難しいからです。

そこで、イギリスは開発されたばかりのレーダーを実戦向けに採用することにしました。

レーダーはドイツでも開発が進められていましたが、イギリスが先に開発に成功していたのです。ただし、これは戦略上機密事項に属することでした。

レーダーの効果は絶大で、暗闇でも敵機を捉えることができ、イギリス空軍は大きな戦果を挙げることができました。

しかし、レーダーの存在を知られれば、この優位性も崩れてしまいます。そこでイギリスは、レーダーはいまだに開発中として、ウソの情報を発信します。

それは、「イギリス空軍では、パイロットが視力をよくするためニンジンを食べている」というものでした。

ニンジンには、体内でビタミンAになるβカロテンが含まれていて、ビタミンAの不足による夜盲症を防ぐことができるとされていました。

レーダーの開発成功を秘匿するためにウソを利用したのです。ドイツ軍機を多数撃墜した著名なパイロットも、「ニンジンを食べて目がよくなり、夜間でも敵機を発見できた」というウソを発信したと言われています。

そして、このニンジンのβカロテンが目によいという物語が、いつの頃からブルーベリーに取って代わったのかは、実のところよく分かっていません。

ブルーベリーも、βカロテンを豊富に含んでいるので、目によいという根拠もニンジンと同じでしょう。そして確かにビタミンA不足は夜盲症につながるものの、ニンジンやブルーベリーを大量に摂取したからといって、どれだけ視力の改善に効果があるのかは定かではありません。

しかし、どちらも栄養価の高い食材として知られています。

目によいと信じてニンジンをたくさん食べたドイツ人の中には、健康になった、もしくはプラシーボ効果で本当に目がよくなった人も、もしかしたらいたかもしれません。

フェイクで家を守った対馬藩・宗家

外交でフェイクを駆使したと言われているのが対馬藩の宗一族です。

対馬藩の宗氏は、江戸以前から独自に朝鮮と貿易を行っていました。外交を有利に進めるには、相応の権威や強い後ろ盾が必要で、室町時代には、将軍の足利家や守護大名・大内氏の名を利用していました。

宗氏は、日本語話者ではありましたが、当時の朝鮮の言語を使える技能をもった人々を配下に置いていたようです。


対馬は、朝鮮からわずか50㎞に位置し、朝鮮との貿易なくしては藩が成り立たないという独特の位置にあることもその理由でしょう。宗氏は、日本と朝鮮を結ぶ重要な位置に本拠をもち、たくみな外交術で激動の時代を生き延びた一族でした。

戦国時代までは、日本の中央の権力も強く対馬まで及ぶことが常態ではなかったため、柔軟性の高い戦略が磨かれていったと考えられます。

詳しいことは、歴史学者の先生方の議論に譲りたいと思いますが、近年、日朝間で正式に外交権をもつ人物の名を使ったフェイク文書を作成し、朝鮮と交渉していた可能性が示唆される資料が発見されたのです。

秀吉による天下統一と、続いて起こった文禄・慶長の役により、朝鮮との交流は危機を迎えます。

宗氏は、朝鮮への出兵を防ごうとしますが、逆に朝鮮の事情に明るいことを利用されて、朝鮮遠征軍の先陣に任命されます。

秀吉の死で、朝鮮の役が収束すると、宗氏は日朝貿易の回復に奔走することになり、その際に使った手法が「フェイク」でした。

朝鮮が国交再開にあたって示してきた条件は二つあり、一つは朝鮮の役で王墓を荒らした犯人を差し出せというもの、もう一つは徳川幕府から先に国書を送るというものと言われています。

墓荒らしの犯人は対馬藩として朝鮮に送ることにしましたが、国書については、当時の外交慣例からすると、先に送ったほうが恭順の意を示したことになるので、徳川幕府が積極的にそうするとは考えにくく、また宗氏側からも幕府を説得することは難しいことでした。

そこで朝鮮に対しても、徳川幕府に対しても角が立たないように事を進めるため宗氏は、徳川幕府の国書を偽造するというアクロバットをやってのけたというのです。

それに対して回答使という、返答を持った朝鮮からの使者が送られてきましたが、これも通常の通信使が来たかのように装ったと言います。

両国の間にあって、双方の体面をフェイクで保ち、本質的な利をとることを選んだというわけです。これで日朝の国交は回復する結果となったので、戦争を回避し、互恵関係を構築するための有益なフェイクの例ではないだろうかと思います。

キューブリック監督のなりすまし事件

詐欺師が使うウソの一つが「なりすまし」です。

なりすましは、本物かどうかがすぐに確認されないところに付け込むのが常道ですが、有名人で、顔も知られていて、本物か偽物かはすぐ分かりそうな人物になりすましたユニークな事件があります。

加害者は詐欺師アラン・コンウェイ。なりすました相手は、有名な映画監督スタンリー・キューブリックでした。これは１９９０年代のイギリスで起こった実在の事件です。

スタンリー・キューブリックは『博士の異常な愛情』『2001年宇宙の旅』や『時計じかけのオレンジ』と前衛的で芸術性の高い作品を手がけ、映画史に確固たる地位を築いた監督です。

私生活をマスコミに取り上げられることを好まず、1960年代後半からは、ほぼ自宅に籠もり、あまり外出をしなかったと言われています。

名前は大変有名だけれど、顔を知っている人は、業界関係者でもごくわずかだったと言います。これはなりすましを実行するには大変都合のよい状況であり、アラン・コンウェイはそれを利用したのです。

事件そのものは単純で、アラン・コンウェイが、キューブリックの名を騙り、寸借詐欺を繰り返すというものでした。

しかしながら驚くことに、騙された人の中には、一般の人だけではなく、芸能人や批評家などの映画業界関係者もいたというのです。1990年代には、実物のキューブリックを見た人は映画業界でも少なく、実像は謎に包まれていたとはいえ、髭を特徴としている本人とは似ても似つかない風貌だったというからには、アラン・コンウェイ自身のなりすましの演技もよほど優れていたと言えます。

アラン・コンウェイ自身は、キューブリックの作品を数本しか見ておらず、映画の知識がほとんどないにもかかわらず、「次回作の構想は……」「次の作品に出演させてあげるよ」というウソをつき、食事をおごらせ、金を巻き上げたりしたと言います。

2005年には、この事件をモチーフにした『アイ・アム・キューブリック』という映画が公開されました。

偽キューブリックの結末は、取材を申し込んできた記者が、映画会社にキューブリックの所在を確認したことで、キューブリック本人は自宅にいることが分かり、ウソが露見したという、何ともお粗末なものだったようです。

しかし真実が明らかになった後も、彼は精神を病んだふりをして逮捕を免れ、精神科の病院に入院し、さらに病院でも主治医を騙してセレブ御用達のクリニックに送られるという、あっぱれな詐欺師っぷりを発揮したとも言われています。

「学術論文でっちあげ」事件

真理探究が目的であり、誠実であるべき学術論文がウソとして発信されることもあります。

1995年、ニューヨーク大学のアラン・ソーカル教授は、意図的にでたらめな内容で、意味のない、フェイクのポストモダン思想論文を、ポストモダン系の学術誌『ソーシャル・テキスト』に送りました。

でたらめな内容に気づくかどうか試したわけですが、何とその論文は、そのまま掲載されてしまったのです。

なぜフェイク論文が掲載されてしまったのか。

当時『ソーシャル・テキスト』では、査読を行っておらず、送られてきた論文を検証せずに掲載してしまったと言われていますが、それにしてもまったくのでたらめであれば、査読せずともおかしいと気づきそうなものです。

実は、ソーカル教授がフェイク論文を作ったのは、そうした『ソーシャル・テキスト』

などに寄稿するような、ポストモダニズムの思想家や知識人を批判するためでした。

当時のポストモダニズムの思想家や知識人が書く論文や書籍は、数学や物理がテーマではないにもかかわらず、数学や物理の用語や理論を使用して書かれていました。

そうしたポストモダニズムの思考スタイルを批判する目的で書いたのがフェイク論文でした。

しかも物理と数学の専門家であるソーカル教授が作るフェイクですから、一見したところではなかなか分からない出来だったわけです。


さらに、ソーカル教授の名声と経歴もフェイク論文に真実味をもたせる効果があったのかもしれません。

ソーカル教授は、ニカラグアの左翼政権下の大学で教鞭を執っていたこともあり、いわば左翼的な物理学者・数学者でした。

左翼系学術誌と言われる『ソーシャル・テキスト』にとっては、顔パスOK、もしくは、無審査にしてもよいとエディターが感じるようなプロフィールだった……ということもあったかもしれません。

論文が掲載されると、ソーカル教授は別の雑誌で、実はあの論文は、ポストモダン思想の論文の文体を真似て作ったでたらめの論文であると暴露しました。

ポストモダンの学術誌に、ポストモダンを否定する目的の論文が掲載されてしまったというこのスキャンダル。ここには2つの問題があります。

一つは、エディターがフェイクを見抜けなかったということ。もう一つは、冒頭にも書いたように、真実を記載すべき学術誌にフェイクを投稿したことです。

前者は媒体側の問題であり、これを契機に同誌は査読制度を取り入れました。

後者は、ソーカル教授の研究者としての問題です。ソーカル教授は、その後もポストモダンについての批判的な書籍を発表していますが、そこで問題にしたのも、論文を発展させたような、ポストモダン系の思想家、知識人の書き様、表現の仕方です。確かに、ソーカル教授の言うように、ポストモダン思想が、単に体裁をつくろうために、数学や物理の記述を用いるなら、それは衒学的と言えるかもしれません。

一方でそれを批判するために、あえてウソの論文を学術誌に発表するのはどうなのかといった批判も起こりました。

いずれにせよ、アカデミックがいかに権威に弱いものであり、科学という分野でさえもその問題提起に対するセキュリティーホールを埋める術はないということが露呈し、今なお暗い影を落としています。

高温超伝導体開発競争における情報操作疑惑

アカデミズムの分野でも、研究の成果で特許などを取り、その先に莫大な利益が想定されるような分野であれば、競争も熾烈となり、研究の進捗や結果を知られないようにしたいという気持ちが働いてしまうこともあります。

他方で、学術的に認められるには、然るべき媒体に論文を発表して認められることが必要になりますから、研究の成果を発表するタイミングとその内容には気を使うところです。

超伝導体の研究は、そうした莫大な利益を生む競争の激しい研究の一つです。

超伝導とは、物質や化合物をどんどん冷却していくと、電気抵抗がゼロになる現象です。

電気抵抗がゼロになるということは、電気を流したときに損失がゼロになるわけですから、超伝導体で電気を利用する機器の部品を作れば、計り知れないメリットがあります。

超伝導には、もう一つ性質があり、磁力をまったく吸収しなくなるというものです。例えば、超伝導体を磁石の上に置くと、磁力は超伝導物質に吸収＝引っ張られないので、超伝導体は空中に浮かぶことになります。これを利用したのがリニアモーターカーです。

超伝導体の研究は、物質を組み合わせて、少しでも高い温度で超伝導現象が現れる物質を見つける競争と言えるでしょう。

１９８６年に、ＩＢＭの研究員でドイツ人物理学者・ベトノルツと同じくスイス人の物理学者のミュラーが、高温で超伝導現象を起こす酸化物を発見すると、世界中で酸化物の高温超伝導体研究が盛んになりました。

ヒューストン大学のポール・チュー教授も、新しい高温超伝導酸化物の研究に矛先を向けた一人でした。

1987年のノーベル賞では、ベトノルツとミュラーが、前年の発見でノーベル賞を受賞しますが、ポール・チュー教授のグループも同年、イットリウム（Y）を含む化合物が、90K（約マイナス183度）で、超伝導になることを発見しました。

これは画期的で、超伝導技術の実用化に大きく前進する発見でした。

チュー教授は、この成果を論文にまとめて学術誌に発表する際に、ウソ情報を発信したのではないかと言われました。

というのは、論文には超伝導体としてY（イットリウム）と書くところを、すべて違う物質であるYb（イッテルビウム）と書いたのです。

チュー教授は、後にウソを疑われたときに、単純な誤字で校正ですべて修正したとしました。

この背景には、論文が学術誌に掲載されるまでのプロセスが関係していると言われています。

論文は、学術誌に送られると掲載の前に、査読と言って、内容の審査が行われます。その査読を行うのが、内容を評価できる専門家、言ってみればチュー教授と同じ分野の研究者、ライバルたちでした。

超伝導の研究はブームでしたから、ライバル研究者がどんな化合物を使っているかは、誰もが知りたがることで、チュー教授は、査読により内容が漏れることを恐れて、わざと違う物質名を書いたのではないかと言われました。

そして、実際に掲載されるまでの校正で、ＹｂをＹに修正したわけです。

査読の段階では、理論的に整合性がとれていれば、実験結果の検証までは厳密に行う時間はありませんが、情報として漏れてしまうと早い段階でライバルがそれを元に、より優れた発見をしてしまうかもしれません。


実際にＹｂのままで発表されてしまうと、他の研究者が追試を行ったときに再現できないということになってしまい、研究が認められないことになりかねません。校正段階でＹｂをＹに修正したことで、チュー教授の発見は、無事正式に認められることになりました。

ライバルを出し抜くために、フェイクをつかませてミスリードさせたのかどうか、真相は闇のままですが、特許と利益がからむ研究では、こうしたことも必要になってくるのかもしれません。

第七章

ウソとどう付き合い、生きていくのか

フェイクとともに生きる

ここまで読み進めていただいた読者には、フェイクは人を偽り騙す、不快で危険なものだけではないという考えをご理解いただけたのではないかと思います。

人がそもそも完全無欠の正直な生き物ではないことは、これまで書いてきた通りです。フェイクは人の歴史と共にあり、日々の会話、行動、思考、目にするもの、耳に入るもののすべての中に少しずつフェイクが含まれています。

一方で「ウソをついてはいけない」と教えられて育った私たちは、「ウソは悪」「フェイクは警戒すべきもの」であるという考えを完全に否定することは難しいでしょう。

そして、できるだけウソをつく人を自分から遠ざけたいと思います。

しかし、一言たりともウソをつけない人を想像してみてください。

会うなり「今日の衣装は変ね」と、挨拶する友人。

「あなた無能ですね」と、上司に向かって言い放つ部下。

面談で、「君ではあの大学は無理だよ」と、生徒の希望を粉々にする先生。人間関係を、穏やかに維持していくためには、本音の言葉だけでは難しいのではないでしょうか。

フェイクは、会話の相手を不快にさせないだけでなく、相手を思いやり、むしろ気持ちよくさせるものでもあります。

もちろん、あらゆるウソを許容するべきだと言っているわけではありません。つかなくてもよいウソで誰かの心を傷つけてしまうこともあります。逆に無防備にウソを信じてしまい、人生を狂わされてしまうこともあります。

悪趣味なフェイクニュースで人の感情を扇動しようとする行為などは許されないものでしょう。

そのフェイクが何を目的に、どうなることを想定して作られたのかと思考する。

何が本当で、何がウソなのかを明らかにする。

そして真実を伝えることが正しく、ウソをつくことが悪であると思考停止させられてしまうのではなく、それらがもたらすものが何なのか、その影響についても、引いた目線で冷静に考えることが重要であると思うのです。

人類がフェイクを採用する必然性があったことを理解した上で、そのフェイクが、誰かを楽しませ、人々を豊かにし、諍いを回避するためのものなのか、あるいは、誰かを貶めたり、搾取したりするためのものなのかを吟味していく。

フェイクに振り回されず、賢く活用することができるようになるのであれば、あなたのこれからの道を照らすことになるだろうと思います。

本章ではどうウソとうまく付き合っていけばよいのかについて、考察していきたいと思います。

貨幣も虚構の一種

私たちの生活に欠かせない貨幣も、大きな意味では虚構＝フェイクの一種と言えるでしょう。

「額面通りには受け取れない」とは、内実とは違う見せかけをたとえて言った言葉です。

1万円札と5000円札があれば、額面では、1万円札には5000円札の倍の価値があると知っています。しかし、1万円の制作原価は25円程度、5000円の原価は19円程度と言われていますから、原価としては大した差はありません。

しかしながら、「1万円の紙」「5000円の紙」として通用しているのは、発行している国がその額面を保証し、使う人がそれを共通の虚構として信じているからです。

インフレーションが起これば、モノやサービスなど、実体があるものの物価が上がります。それは相対的に貨幣の価値が下がるということです。

過去に国家財政が破綻するか、もしくは、そうした危機に直面した国々では、実際に通貨の価値が暴落しました。

私たちが生活する上で、モノの価値を測り、時に犯罪にすら使われてしまう貨幣でさえ、ある種の虚構のもとに成り立っているのです。

ウソと本当の境目は曖昧

私が面白いと感じるのは、ウソについて解像度を変えていくと、ウソと本当の区別がつけにくくなることです。

ウソと本当の境目は、はっきり分かれていないことのほうが多いものです。

そして、事実を伝えることが必ずしもよい結果につながるとは限りませんし、相手や自分も常に事実を求めているとは限らないのです。

例えば難関大学を目指す学生に現段階で学力が及んでいないとしても、「今の成績では難しい」と伝えるのか、事実を伝えずに半分はウソかもしれないけれど、「あなたなら大丈夫。来年の3月までに実力をつければ結果が出るよ」と言って励ますのか、どちらがよいのでしょう。当然その学生の性格によるでしょう。だとするならば、どちらにも対応できるよう、上手なウソの運用力を身に付けておくほうがよいと思うのです。

「あなたなら、正しい努力をすれば結果が出る」というのも完全なウソとも言えないはずです。

可能性はゼロではないのですから。

もしくは、「成功者とは何か」「自分が本当に求めている未来とは」といった話を含めて、目標設定について話し合ってみることも大事なのかもしれません。「東大が一番だ」という目標があったとしても、その考え自体がラベリングによる虚構かもしれません。

「あなたのためを思って」「よかれと思って」という気持ちでウソをつき、傷つけてしまうこともあれば、同様に正直に伝えたことで人を傷つけてしまうこともあるでしょう。

これは厄介な問題であり、簡単な正解などないのです。

だからこそ事実の中に、上手にフェイクを織り交ぜて伝えるテクニックを身に付けていきたいと、私自身思ってしまうのです。なぜなら誰でも虚構を使わなければいけない場面があるからです。

そんなとき、お互いに得をするのが大事であり、真実を伝えることが重要なわけではないということが分かっている人を、大人だなと思ってしまうのです。

私も、結果としてよりよく働くような善意のウソを上手に使いこなしている人を見ると、私も機会があればぜひ学んでみたいと思うことがあります。

ウソやフェイクを一刀両断に切り捨てるのではなく、かけひきのテクニックとしてストックしていくつかもっておくと、一生役立つコミュニケーションスキルともなり、他人の悪意あるウソも見抜けて、柔軟に生き延びていけると思うのです。

悪意のあるウソを見抜く

悪意のあるフェイクを見抜き、ウソに騙されないようにするためには、何ができるでしょうか。

リソースの節約をしがちな脳は騙されやすいものです。「騙しのプロ」の意図を見抜き、自分も「騙しのプロ」並みの、知識技術を身に付けることは容易なことではありません。

しかし、「騙しのプロ」に丸め込まれないためにも、騙しのプロがどんな人を標的にするのかは、知識として押さえておきたいものです。

高齢者や、真面目な人、我慢する人、心理的に余裕のない人などは騙されやすいので、狙われやすいということは、第二章で書いた通りです。

しかも、「騙しのプロ」は、騙しやすい人を狙うので、一度騙されたことがあるという人は注意が必要です。

また自分からエビデンスを集める努力をしないような人は標的にされてしまいます。「期待できますよ」という言葉を、鵜呑みにして信じるのではなく、「本当に期待できるかどうか調べてみよう」という人であれば、騙す側は、これは厄介な人であると考え、その人をターゲットから外す可能性が高くなるでしょう。

また、人を疑うことを失礼だと思ってしまうような人、お人好しな人も付け込まれる可能性が高いので気を付けたほうがよいかもしれません。

そして、空気を読みすぎて相手に合わせてしまう人も危険です。雰囲気に流され、高額な商品を売りつけられそうになったとき、「私はそういうのは結構です」とはっきり言えないタイプの人です。

「断ったら申し訳ない」もしくは、「こんなに熱心に説明してくれているのだから、きっとよいに違いない」と気が進まないのに、断れない人です。

さらには「いつかは必要になるかも」と、相手の勧めを受け入れるための理由を無理やりつくってしまうことさえしてしまいます。

こうした心理が働いたとき「ああ、この人たちは自分のそういう心理を狙っているのだな」と思えるかどうかです。

「自分は狙われているのだ」「こんなに強引に薦められているということは、自分を騙そうとしているのだ」と自覚して、とにかく「結構です」と言えるかどうかです。もし直接本人に言葉で拒絶できなくても、「ちょっとトイレに行ってきます」と言ってその場を離れてよく考える、もしくは可能であればそのまま帰ってしまうという対処法も身に付けておきたいものです。

危ないと直感したら、危ない

騙された後で、

「そういえば、ちょっとおかしいと思ったんだよな」

「最初から危ないと思ったんだよな」

と後悔した経験があるのではないでしょうか。

「何となく違和感を覚える」「何となく危なそう」などと感じる「嫌」な気持ちは、具体的に言語化しにくいときがあります。

しかし、そうした直感も看過しないほうがよいでしょう。

明示的に表現できない何となくの感覚であっても、嫌な予感がする人とは、適度な距離感を保ち、相手が自分に対してアグレッシブな態度をとった場合にはどういう対応をとるかなど、準備をしておくべきです。

とはいえ、日々自分に降りかかる危険なことに注意を払いながら生きるのはかなりその機能にエネルギーを使う必要も出てきますから、しんどさを感じることもあると思います。

心が弱っているとき、空腹のとき、お酒に酔っているとき、睡眠不足のとき、こうした状況下では生じるはずの健全な違和感も生じにくくなってしまいます。

恐ろしいことにプロはそういうタイミングを意図的に見計らって仕掛けてくるのです。またせっかく「不快な直感」が警告のベルを鳴らしても、その直感に従うのを妨げる要因となるのが、周囲の意見や同調圧力などです。

「みんながいい人だと言うから」

「みんなが買っているから」

といった集団からの同調圧力は強く働き、とりわけ日本人は大多数の意見に流され、みんながよいと言っているものは、とりあえずよいと判断してしまいがちです。

いわゆる悪質商法では、サクラを用意して、集団をつくって興奮を煽るなど、同調圧力に弱い人の特徴をよく理解して狙ってくるので、自分の気持ちが弱くなる状態をよく理解しておくべきでしょう。

メタ認知を高める方法

本質的に標的にされやすい人や騙されやすい人と、そうではない人との違いは何でしょう。

大きな違いの一つは騙されやすい人は「メタ認知」が弱いことです。

メタ認知とは、「自分を俯瞰して見ること」です。「自分が認知していることを、客観的に認知すること」でもあります。

例えば、「あんなに一生懸命説明してくれているのだから買わないと失礼かな」と思ったとき、「一生懸命説明するのは、ただ単に売りつけたいからだ」と一歩引いて客観的に考えられれば、一生懸命と一見見えるフェイクの情熱にほだされることなく、単に自分の要不要で決断して、ナチュラルに「不要です」と言えるものです。

そもそも騙されないためには、「(自分を含めて)騙されない人間はいない」と思うことが大切で、これも「メタ認知」です。

ところが、「自分だけは騙されない」という、「正常性バイアス」が働くのです。これは学校の勉強ができる人でも陥りやすいバイアスです。間違われることも多いのですが、学歴や肩書がよくても必ずしもメタ認知能力が高いわけではないのです。

メタ認知能力の高い人は、比較的騙されにくいと言えます。というのは、自分思考や状況を客観視することがさほど苦にはならないので、「今は疲れていて判断が鈍るから、明日よく考えよう」などと考えることができ、騙す側の罠にかかりにくい状態をキープしやすくなるからです。

こうした人は、人間はウソに騙されやすく、自分も同じ人間であるということを理解して行動できているのです。

もし、「自身を客観視するのは苦手だ」「自分はメタ認知能力が低い」と思っている人も、あきらめる必要はありません。

メタ認知の能力はある程度鍛えることができるものだと考えられるのです。

メタ認知は、前頭前野の背外側前頭前野という部位が担っているとされています。この部位は大人になっても神経細胞が新しく生まれてくることが分かっています。

このことはメタ認知の能力が何歳からでも成長させることができることを示唆しています。

メタ認知能力を高めるためには、まず、普段から自分を内観し、記録することをお勧めします。例えば日記をつけたり、メモをとったりするのもよいでしょう。自分の行動と、その時どのように感じたのかをなるべく盛らずにありのまま記録するのです。

重要なのは、たびたびその記録を読み返すことです。繰り返すことで、自分の性格や行動パターンが見えてくるでしょう。

すると、自分は正直者であり、なおかつ騙されにくいと思っていたのに、自分が意外にたくさんのウソをついていて、しかも、コロリと騙されやすい側面があったなどの気づきを得られるはずです。

必要なのは、「人はウソをついてしまうものなのだ」、そして「騙されやすいものなのだ」と認めることです。

この自己を受け入れ、認識する力が「メタ認知能力」なのです。

あるいは「この人はメタ認知の能力が高い」と思える人と一緒に過ごすのも有効です。普段から客観的な発言や、公平な行動が多いなと思える人です。

いわゆるミラーニューロンを使い、メタ認知能力が高い人の思考パターンや行動パターンに触れ、日々それを意識することで、自然とあなたにもメタ認知の能力が育まれていくでしょう。

フェイクニュースに惑わされないために

フェイクニュース＝ウソに騙されないためには、まず日頃から信頼できるメディアを複数チェックし、同じ事象について、情報を比較確認するということが重要です。

例えば、ニュースの発信元や日付などを確認する癖をつけるだけでも信頼性を判断する手がかりになるということが実感できるでしょう。注意が必要なのは匿名のアカウントです。フォロワー数や動画の再生数は情報の信頼度とはあまり意味のある相関がないと思ったほうがよいでしょう。世界各国には、SNS上で拡散された戦地の動画のファクトチェックを行うメディアや、事実だと判明した情報をまとめているNPOサイトもあります。安易に共有せず、冷静に情報の発信元を確認し、信憑性を確認すべきでしょう。

フェイクニュースを無批判に受け入れ、これを拡散させれば、戦争の場合はそれだけ状況が混乱するリスクがあり、誰かを貶めるような情報であった場合には、偽の情報一つで人命に関わる可能性すらあります。自分がその情報発信者ではなくても、共有をするだけで法的責任を問われることもあるということを肝に銘じておくべきでしょう。

また、時間をかけて情報をインプットする習慣をつけることも大切です。

人間の脳には、二重の意思決定機構があります。一つは「速いシステム」で、様々な事柄に迅速に対応しようとします。

もう一つは、「遅いシステム」で、理性的そして論理的に判断しようとするシステムです。

現代は情報量が多く、変化の激しい環境の中で生きていると迅速な判断が求められることも多いでしょう。そうした状況に対応できるように、大抵は「速いシステム」を使おうとします。

ところが、「速いシステム」は、スピーディに情報を処理しようとするため、限られた情報のみによって意思決定を行います。

そのため、直感的に分かりやすい情報を選択してしまうのです。

えてして、この速い決断は間違うことが多いのです。

ですから、間違った意思決定を下したくない場合は、まず拙速に判断しようとする自分自身を疑うことです。そしてその後で、冷静に考えた結果を採用する癖をつけるとよいでしょう。

処理流暢性の高い情報

情報を選ぶときにもポイントがあります。

脳は、「処理流暢性が高い情報」を好みます。

「処理流暢性が高い情報」とは、「簡単で分かりやすい情報」です。膨大・複雑でなく、整理されていて、一目瞭然、つまり考えなくてすむ、脳が働かなくてよいということです。

ところが、「処理流暢性」の高い情報は、「認知負荷」を下げ脳のリソース節約につながるため、脳は好みますが、私たちの認知、つまり物事の捉え方を歪める要因の一つになっています。


例えば、テレビの映像や、短く整理されたWebの「まとめニュース」などは、処理流暢性の高い情報です。

一方、新聞や専門誌、書籍などは、時間をかけてじっくり読み込まないと理解できない処理流暢性の低い情報と言えるでしょう。

どんなに正しい情報でも、冗長で複雑、処理流暢性が低いと、「何だろう？　どういうことなのだろう？」と距離をとって考えます。逆に、多少自分の意思とはずれていても、短く分かりやすい言葉でズバリと言われると、「なるほど」と肯定してしまう。

これは処理流暢性が高く、シンプルで理解しやすい情報に対し、脳に「好感」が生じている現象です。

今のメディアは「分かりやすいものが善である」とする傾向があり、処理流暢性が高いものを求める視聴者も増加していると感じています。

マスコミにとどまらず、処理流暢性が高く、簡単に、すぐに「なるほど」と思わせてくれる人を好ましく思います。

間違った情報だとしても、短いセンテンスでズバッと言うと、耳目に入りやすいので、こうしたことができる人がリーダーに選ばれやすくなります。

トランプ大統領がアメリカで誕生したのも、処理流暢性の高い情報を発信したことが、一因としてあると思います。

「貿易摩擦がひどく、アメリカは日本に損をさせられている！」

などと分かりやすくレッテルを貼り、民衆を納得させてしまうのです。

よく調べてみると、日本も複数の局面で不平等ともとれる条件を飲まされていたり、あるいはよかれと思って日本の企業がアメリカで雇用を増やす地道な努力を続けていたとしても、トランプ大統領の発言を、情報を精査することなく、鵜呑みにしてしまうアメリカ国民がいたりするということになります。

現代社会は、「格調の高さ」とは対極にある「分かりやすさ」を求める傾向に向かっていると感じさせられる場面が多々あります。ポピュリズム、反知性主義と言われますが、それらの問題の一端はこういうところにあると言ってもよいでしょう。

処理流暢性が高い情報ばかりが流される中で、それに惑わされないようにするには、同時に処理流暢性が低い情報も取り入れることです。

例えば、読書をして時間をかけて思索したり、自らエビデンスを探してみる。参加して、体験して、思考するような、時間がかかるインプットを心がけたいものです。

恋愛におけるウソ

正直であるとはどういうことを意味するのでしょうか。正直にはいくつものレイヤーがあります。そこにはウソとも本当とも言えないグレーの部分もあるはずです。

例えば恋人とお付き合いする、初めの頃には、お互いについた優しいウソもあったのではないでしょうか。

相手との関係性を構築し維持するためには、相手がウソをついたとき、そこに思いやりや優しさを見出せることが肝になるのではないでしょうか。


もしも、恋人の浮気が発覚した場合、「浮気をしたのに、していないとウソをついた。許せない」「自分の信頼を踏みにじった。ウソを何度もつかれても傷つかないほど、自分は鈍感ではない」とつらく苦しい感情を相手に示したくなることもあるかもしれません。しかし、自分が求めている真実とは何か。浮気をしたか、しなかったことなのか。自分との関係をどう思っているのか、なのか。もしもウソをついてまで関係を保ちたいと思っていることが真実だと分かり、自分も関係を継続したいと思うのであれば、対処法も変わってくるのではないでしょうか。

恋人や夫婦である前に他人であると認識してみることです。簡単なことではありませんが、長くお付き合いをすることを前提にするのであれば、こうしたメタ認知をすることで、少し寛容になるかもしれません。
その上で、今後の関係性を冷静に考え、別れるという選択肢もあるでしょう。処理流暢性の低い情報をインプットし、相手が何のためにウソをついているのか掘り下げて考えることも恋愛のコツかもしれません。

人は「ウソをつかれた」という言い方をするのですが、それは受け手の問題でもあります。「ウソをつくのは自分に少しでもよく思われたいからなのだ」というメタ認知の視点をもつことで、関係性も変わってくるでしょう。

また少々「ウソのない関係」を美化しすぎなのではないかと思うことがあります。「今日の夕食はイマイチだったね」と言われることが美しい関係なのでしょうか。正直な人だと思う反面、「それならあなたが作ってよ」とも思うでしょう。

とは言っても、身近な人、愛する人にウソをつかれることは気分がよいものではありません。

ただ残念ながら、「ウソをつくなんてあなたはひどい」「なぜあなたはウソをつくの？」という言葉は、ほぼ相手の心に響くことはないと理解しておいたほうがよいでしょう。

もしも、相手に「自分はあなたのウソで傷ついた」ということを理解してもらい、後悔してもらいたいのならば、言い方を工夫してみましょう。

例えば浮気の圧倒的な証拠があったとしても、もし関係性を継続することを望むのであれば、相手を主語にして糾弾する「Ｙｏｕメッセージ」ではなく、「私はあなたに女として見てもらえなくなったと思うと悲しい」などと、自分を主語にする「Ｉメッセージ」で伝えるほうが、信頼関係を壊さずに自分の思いを伝え、ちゃんと相手に後悔させることができるでしょう。

子供のウソ

「正直であれ」

これは親が子供に口を酸っぱくして教え諭す性質の筆頭ではないでしょうか。子供は大人から「ウソをついてはいけません」と教わり、「ピノキオ」や「オオカミ少年」など「ウソをついたら大変なことになる」という寓話を聞かされて育ちます。

イソップ童話の「金の斧」で説かれている教訓は明快で、「神は正直者を助け、ウソつきには罰を与える」ということです。

子供のウソはほぼ言語能力の獲得とともに始まり、成長につれて、言葉の幅の広がりと合わせて、ウソは着実に複雑化し、巧妙化すると言われます。

赤ちゃんですら、ウソ泣きや愛想笑いで気を惹こうとするという研究結果もあります。子供が成長に合わせて、社会的なウソを身に付けていく過程にはいろいろな要因がありますが、生きるための本能とも言えるでしょう。

なぜなら子供は自分の力だけでは生きていくことはできません。子供は身体が小さく脆弱なので、大人に注意を向けていてもらわないと命を落とす可能性もあります。さらに他者から攻撃を受けやすいので、常に大人に注目されていたほうが生き延びやすいのです。

つまり、相手の注意を惹くためにウソを発信するということは、子供の生存戦略としては正しいやりかたと言えるのです。

周囲に見守られ、よい印象を与えて手助けしてもらいたい。だから偽の情報を駆使してでも相手の好意を得ようとするのです。

子供は褒められたいからウソをつく

子供はたくさん失敗をします。それでもよく思われたい、叱られたくないと思うから、ウソをつく頻度もおのずと上がってしまうのでしょう。

また子供は、日常的に大人の行動を見ながら、どうすれば自分をよく思ってもらえるのかを観察して学んでいます。

そして好き嫌いを伝えるときにも、ウソをついたほうが褒められ、正直に言うと嫌な顔をされることに薄々気づいていくでしょう。

本当の自分が、周囲の期待と乖離していたとき、本当の自分が暴かれるリスクがなけれ

ば、いくらでもウソをつくでしょう。そのほうが安全だからです。子供と話をしていると
すぐに分かるようなうそばかりつくので不安になる親御さんもいると思いますが、理由は
明確で、単純に子供は「褒められたい」のです。
幼児期には、ウソをつかれると困る親を斟酌できるまでに脳は育っていません。ただ褒められたい、叱られたくない、という欲求からついウソをつくのです。成長するにつれ脳も発達し、「ここは正直に言ってしまったほうがよいだろう」という知恵も働くようになります。

親が子にウソをついてはいけないと教えるのは、一つは、「平気でウソをつく」ということに慣れさせないためでしょう。確かに、ウソばかり言っている人は、誰からも信用してもらえなくなってしまいます。
もう一つの理由は、子供には正直でいてもらわなければ管理できず、守ってあげることもできない。つまり便宜上不都合だからです。だからウソをついてはいけないよと教えるわけですが、実際にウソをつけない子供に育ってしまうと、大人になり社会に出たときに

子供自身が困ることになります。

もちろん、誰かをコントロールしたり、傷つけたりする悪いウソつきにならないように育てることも大事です。

身体的に危険があるような場合や金銭トラブルなどに関わるウソには、時にはきっぱりとした対応をする必要もあるでしょう。

しかし、子供は小さなウソをたくさんついてしまうものだと知っておくことも大切なのではないでしょうか。

子供のウソを助長させるようなことはしたくないでしょう。「大人は騙しやすい」と思われることも多くの親は望んでいないはずです。しかし、些細なことにも疑いの目を向け、子供に「自分は親から信頼されていないのだ」という意識を植え付けてしまいかねないということにも慎重になるべきです。

ウソをつくことも、正直に話すことも、トレーニングが必要なのです。正直はよしとし、ウソはすべてダメと言って、ウソを使えない人に育ててしまうのではなく、よいウソと悪いウソ、そしてまた誤解を受ける正直さ、常に正直であることのリスクについても教え、それぞれ学んでいく必要があるのではないでしょうか。

子供のウソを受け入れる

「どんな人でもウソをついてしまうことがある。大事なことは、そのウソに他人を思いやる気持ちがあるかどうかだ」などと、ウソの存在を認めつつ、絶対に守るべきポイントを伝えるのもよいでしょう。

そして子供がウソをついたときには「何のためにウソをついているのか」、その背景を想像してあげてほしいと思います。

褒められたいだけなのか、叱られるのが恐ろしいのか、自分のプライドを守りたいのか、想像してあげることで子供理解にもつながるでしょう。

どうしても指導しなくてはいけないときもあるでしょう。けれども「ウソをつくのは許さない！」「なぜウソをつく！」と、何度叱っても子供の心には響かないことを自覚しておくべきです。

「ウソをつくことであなたは損をしてしまうんだよ。それが私にとっても悲しいことなんだよ」

「ママはあなたがウソをつくと困ってしまう。本当にあなたが困ったときに助けてあげられないから」

「小さいウソのうちならママが助けてあげられるから、なるべく小さなウソのうちに言ってね」

「先生は君から信頼されていると思っていたけれど、そうではなかったんだね。悲しいよ」

と自分の気持ちをベースにしながら、正直であるほうがメリットになるということを、その理由も含めて教えてあげるとよいのではないでしょうか。


また、「この皿を割ったのは誰だ！　正直に言いなさい」と責めるより、「こんなところにお皿を置いていた私が悪いよね。これじゃあすぐに落ちて割れてしまうのもしょうがない。あ、これを落としたのはあなた？　大丈夫？　けがは？」と言われたほうが、子供は「ごめんなさい。お皿を割ったのはぼくです」と正直に名乗り出る確率は高くなるでしょう。

ウソを暴き責めるよりも、受け入れる姿勢を見せることで、子供は正直である自分を表現しやすくなり、それを大人が褒めてあげることで、「誠実であること」の意義も体感してもらうことができるはずです。

ウソを強引に暴き、罰しても、子供にとってはもっと上手なウソをつこうとするためのトレーニングになってしまうでしょう。また、自分がウソつきであることを証明させても倫理教育になりません。

「正直に言ったら許します」と言って、犯人捜しをするような指導は学校でも避けるべきです。

正直に告白し、先生からたとえ許されたとしても「クラスみんなの前で晒し者になった」という子供の心の傷は消えません。

罰を与えるのではなく理解を示し、誠実であるにはどうすればよいのかを、一緒に考えてあげるほうが効果的な指導になることもあるでしょう。

ウソとの上手な付き合い方を知る

ウソをつかずに生きていくことは難しい、と言うより不可能です。

これまでに説明した通り、人間社会の複雑な共同体性を扱うには、フェイクが必要です。

また例えばドキュメンタリー映画でも、編集というウソを交えることで、より事実の認識や共感を高めることができるでしょう。


ウソとどう生きていくか。

ここまで考えてきて明らかなのは、この課題には決定的な処方箋はないということです。

そのウソがどんな性質をもち、何のためにつくウソなのか？

悪意のあるものとやむを得ないこと、思いやりのあるものとの違いを見極めつつ、うまく付き合うことが必要なのでしょう。

人が本当のことばかりを言うはずはなく、しかしそれを詮索しないほうがお互いに得な場合も多いでしょう。

正直さが人間関係を悪化させ、争いを起こし、居心地の悪い雰囲気を生じさせることも多々あります。

フェイクは、そんなときに人間関係の悪化を防ぎ、争いに妥協点を与えてくれ、無駄に争う時間を節約してくれることもあります。

世の中にフェイクがあふれているのは、モラルの低下ではなく、人が生きていくためにウソが必要であるからだと認識すべきでしょう。

人類がウソをつく機能を発達させてきたのは、真実が不都合であるからばかりではなく、フェイクの有用性が大きいからなのです。

戦争が起きるとフェイクニュース＝ウソが横行します。

ただし、フェイクニュースが国民の感情を、攻撃的な方向に煽ってしまうことは事実としてあるものの、フェイクニュースが戦争の根本的な原因ではありません。

戦争に向かう大義名分は多くの場合、「正義」です。「自国を守る」という「正義のため」

に始まったり、小さな干渉事から戦争に発展するケースがほとんどと言ってよいでしょう。

正義と命、どちらが大事なのか。よく議論されることです。

ただ、もし「命より大事な正義がある」と信じているのであれば、そうした状況下ではそれこそ「それはウソだ」とは言えない空気が生まれてしまうということです。

70億人の人がいれば、70億の正義があるでしょう。

地域・文化の違い、国や所属する共同体、組織の違い、さらには個々人の価値観の違いがあっても、共有できる正義もあれば、まったく異なる正義に嫌悪することもあります。

共に生きていくために、お互いに共有できない部分に対してどのようにして折り合いをつけるか。そのためには物語が必要になります。そしてその物語には、互いに寄り添えるようなフェイクを少しだけ織り込むことが求められるのではないでしょうか。そしてその物語を受け取ったとき、それをどう解釈するのかということも大事なポイントになるでしょう。

そこに人間の知恵が試されるのではないでしょうか。

言葉の力、雄弁さが求められる時代

人間を助けるウソもあると思うのです。

言葉は力であり、古来、言葉によって争いを回避することもできるということから、様々な文化圏で、言葉の発信力、雄弁さが、男性の魅力としても考えられてきました。

アイヌ文化圏では、弁の立つ人、口のうまい人が、狩りが上手な人よりも、女性から人気があったそうです。

言葉を使いこなすことのできる知恵と知識が、武器を使う技術や腕力よりも、平和を享受して暮らしていくための重要な能力であると見なされたのでしょう。

互いを攻撃するより、折り合うことのできる局面を見出し、互恵的関係を築いていくことが合理的な選択であり、有効な生存戦略であるということを知り、そのためにもてる能力を使える人こそが、「いい男」であったというのはとても興味深いことです。

今まさに、言葉の力、雄弁さが、より求められる時代が来ているように思うのは私だけでしょうか。

そして、今日求められる雄弁さは、味方を鼓舞するだけのものではなく、虚実を織り交ぜ、ノーサイドで、言葉で人の気持ちを互いの共存へと向けさせる知です。

誠実であることを心がけながらも、フェイクを上手に活用してより多くの人を守る、そうしたスキルこそ今の時代に求められているのではないでしょうか。

中野信子［なかの・のぶこ］

1975年、東京都生まれ。脳科学者、医学博士、認知科学者。東京大学工学部応用化学科卒業。東京大学大学院医学系研究科脳神経医学専攻博士課程修了。フランス国立研究所ニューロスピンに博士研究員として勤務後、帰国。脳や心理学をテーマに研究や執筆の活動を精力的に行う。科学の視点から人間社会で起こりうる現象及び人物を読み解く語り口に定評がある。現在、東日本国際大学教授。著書に「ヒトは〝いじめ〟をやめられない」「キレる!」「〝嫌いっ!〟の運用」（以上、小学館）、「人は、なぜ他人を許せないのか?」（アスコム）、「空気を読む脳」（講談社）など多数。また、テレビコメンテーターとしても活躍中。

構成：出浦文絵
校正：目原小百合
ヘアメイク：清水恵美子
DTP：昭和ブライト
編集：塚本英司

フェイク

二〇二二年 六月六日 初版第一刷発行

著者 中野信子 1677216
発行人 杉本隆
発行所 株式会社小学館
〒一〇一－八〇〇一 東京都千代田区一ツ橋二ノ三ノ一
電話 編集：〇三－三二三〇－五五四六
販売：〇三－五二八一－三五五五
印刷・製本 中央精版印刷株式会社

Printed in Japan ISBN978-4-09-825418-7